Historia de México

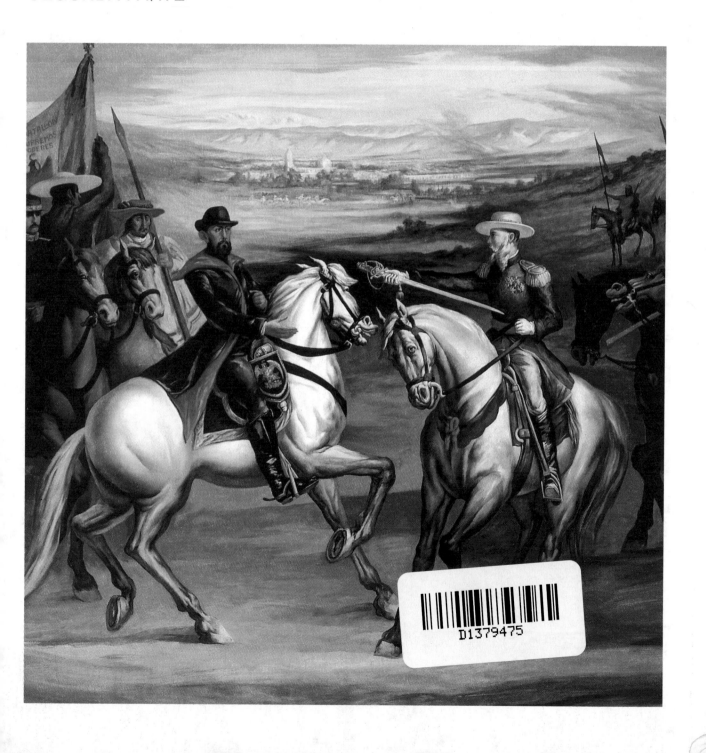

Este libro fue preparado por la Secretaría de Educación Pública,
a partir de las sugerencias recogidas en el Foro Nacional para la Enseñanza
de la Historia de México en la Educación Primaria, y con las valiosas
contribuciones de un nutrido grupo de maestros y especialistas.

Coordinación editorial
Felipe Garrido
Asistente de coordinación
Antonio Ruiz Mariscal

Diseño y formación electrónica
Moisés Fierro
Juan Antonio García Trejo
Teresa Ojeda
Pablo Rulfo
Paola Stephens
Stega Diseño

Pre-prensa
Lasergraphix, S.A. de C.V.

Fotografías
Archivo del Instituto de Investigaciones Estéticas de la UNAM
Michael Calderwood

Diseño de la portada
Comisión Nacional de los Libros de Texto Gratuitos

Ilustración de la portada
Triunfo de la República, José Reyes Meza,
Óleo sobre tela 1967-1968
Museo Regional de la Ciudad de Querétaro, Querétaro
Reproducción autorizada por el
Instituto Nacional de Antropología e Historia
Consejo Nacional para la Cultura y las Artes

Fotografía de la portada
Javier Hinojosa

Supervisión técnica y pedagógica
Subsecretaría de Educación Básica y Normal
de la Secretaría de Educación Pública

ISBN: 968-29-5679-X (Obra General)
ISBN: 968-29-5680-3 (Parte 1)
ISBN: 968-29-5681-1 (Parte 2)

Impreso en México

A los maestros y padres de familia

Estas *Lecciones de historia de México* están destinadas a las niñas y los niños de los tres últimos grados de la escuela primaria. La Segunda Parte, que ahora se entrega, abarca los siglos XIX y XX, y completa la Primera Parte, que se ocupó del México prehispánico y de la época virreinal. Como en el volumen anterior, trata sobre todo de la historia política de nuestro país; de los afanes y las hazañas que le fueron dando unidad y lo hicieron soberano.

La lucha por la independencia, la difícil etapa de consolidación del Estado mexicano, que debió superar guerras intestinas e invasiones de potencias extranjeras, los esfuerzos de los mexicanos por ir alcanzando una forma de gobierno cada vez más justa y más democrática, constituyen periodos y procesos complejos que no es sencillo, ni aconsejable, simplificar en exceso. Los alumnos, los maestros y los padres de familia deberán realizar un tenaz y amoroso esfuerzo por conocer estos episodios fundamentales que nos ayudan a comprender mejor el país en que vivimos.

El propósito de las *Lecciones de historia de México* es proporcionar información sobre nuestro pasado, y despertar en los niños gusto por la historia y amor por la patria. Crear una conciencia de identidad común entre todos los mexicanos. Ofrecer un material de lectura al que podrá acudirse, aun fuera del tiempo directamente destinado a la asignatura, muchas veces por el gusto mismo de leer y de repasar los momentos más emocionantes y decisivos de nuestro pasado.

Las subdivisiones en que se reparte el material de cada una de las ocho lecciones de este libro, permitirán a los maestros dosificar la información de acuerdo con el tiempo de clase y con el nivel y la capacidad de los alumnos.

Además de las Lecciones y sus respectivos ilustraciones y mapas, este volumen incluye otros elementos didácticos: 1) Una barra o línea del tiempo, en la parte inferior de las páginas, que forma una unidad por sí misma y debe ser leída de manera independiente. 2) A lo largo del libro, recuadros que explican algunas nociones importantes para la comprensión del texto, o dedican un espacio especial a ciertos personajes que ameritan ser tratados con mayor detenimiento. Y 3) Al final de cada lección, unas páginas de lecturas relacionadas con los temas que acaban de ser tratados. Estas lecturas son muchas veces de documentos de la época y pretenden rescatar, por levemente que sea, el acento y el color de los tiempos pasados.

Texto, ilustraciones, mapas, línea del tiempo, recuadros y lecturas se complementan e interrelacionan. Al fragmentar la información de esta manera, se busca crear un medio ágil, que exija de las niñas y los niños una participación más dinámica, al tiempo que les ofrezca mayores motivos de interés.

La renovación de los materiales de estudio para la escuela primaria, pone en marcha un proceso para su perfeccionamiento continuo. Cada vez que la experiencia y la evaluación lo hagan recomendable, los libros y los materiales auxiliares serán mejorados. Para que estas tareas tengan buen éxito son indipensables las opiniones de los maestros y de los alumnos que trabajarán con este libro, así como las sugerencias de madres y padres de familia que comparten con sus hijos las actividades escolares.

La Secretaría de Educación Pública agradecerá sus recomendaciones y críticas. Estas aportaciones serán estudiadas con atención y servirán para que el mejoramiento de los materiales educativos sea una actividad sistemática y permanente.

Lecciones de historia de México

SEGUNDA PARTE
Í N D I C E

Estandarte
de Hidalgo

Batallón de Matamoros,
guerra con Estados Unidos

Guardia Nacional de Zacatecas
intervención francesa

Águila coron
Segundo Imp

El siglo XX

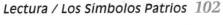

12° Batallón de línea   Batallón revolucionario   Escuadrón 201, segunda Guerra Mundial

El siglo XIX

La revolución de independencia

LECCIÓN 1

Cada año, la noche del 15 de septiembre, los mexicanos celebramos el inicio de nuestro movimiento de independencia. En todas las ciudades y en todos los pueblos, en nuestras embajadas y consulados, en cualquier lugar donde haya mexicanos, esa noche es de fiesta.

El centro de esa fiesta, en cada poblado, es la plaza principal. Es el Palacio de Gobier-

no, o el Palacio Municipal, adornados con banderas y con focos de colores. En la Ciudad de México esa plaza es el Zócalo, donde están la Catedral y el Palacio Nacional. Hay allí, como en todas partes, un gentío enorme que se divierte, y música y cohetes.

En el momento culminante, en cada ciudad, el presidente municipal, o el gobernador, o alguna otra autoridad, aparece

El Zócalo, en la Ciudad de México, pintado por Casimiro Castro en 1869.

▼ 1776

▼ 1777

• Declaración de independencia de los Estados Unidos de América

• Fundación del Real Tribunal General de Minería en la Ciudad de México

ante la multitud en un balcón, una ventana o un kiosco. Recuerda a los héroes que hicieron de México una nación independiente y soberana (que se gobierna por ella misma), y que se esforzaron por conservar la libertad. Lanza vivas en su honor, hace ondear la bandera nacional, y una cascada de fuegos de artificio cubre los cielos de México.

En la capital del país, el presidente de la república sale al balcón central del Palacio Nacional. Vitorea a los héroes, agita la bandera y repica una campana que está en la parte superior de la fachada del Palacio. El *Padre de la Patria,* Miguel Hidalgo y Costilla, hizo tocar esa misma campana en la madrugada del 16 de septiembre de 1810. Eso sucedió en Dolores, Guanajuato, en donde Hidalgo era párroco; con el repique de la campana reunió a la gente para que se rebelara contra las autoridades del virreinato. Así comenzó nuestra independencia, con el *Grito de Dolores.*

Pero las causas que llevaron a los habitantes de la Nueva España a separarse de España se dieron desde mucho tiempo antes.

El Siglo de las Luces

En el siglo XVIII, para estudiar, trabajar y organizarse, muchos hombres y mujeres empezaron a confiar más en la razón que en la autoridad. Se atrevieron a revisar y a rectificar lo que habían dicho los sabios del pasado. Sintieron que la razón era una luz poderosa que acababa con las tinieblas de la ig-

norancia, el atraso y la pobreza. Por eso llamamos a ese tiempo el *Siglo de las Luces* o de la *Ilustración.* Al principio esto sucedió en Inglaterra y en Francia; después en el resto de Europa y en América.

Los pensadores ilustrados estaban en favor de la libertad y de la igualdad ante la ley de todos los hombres, y en contra de los privilegios de los reyes, los nobles y la Iglesia. En los dominios españoles de América, esas ideas contribuyeron a que algunas personas comenzaran a creer que era posible luchar contra los gobiernos injustos y en favor de la independencia.

A finales del siglo XVIII, hubo un enorme interés en las ciencias y en sus aplicaciones

Hidalgo. Óleo de Antonio Fabrés, 1904.

Parroquia de Dolores, dibujada por Santiago Hernández en 1869.

Cómo se leen los siglos

Todos los días hablamos de siglos. Dividir la historia en siglos hace más fácil ordenarla. Un siglo son cien años. En nuestra cultura, los siglos se cuentan antes y después del nacimiento de Cristo. Los últimos cien años anteriores al nacimiento de Cristo son el siglo I antes de Cristo, o a.C. Los primeros cien años posteriores son el siglo I después de Cristo (d.C.), o de la era cristiana, o de nuestra era, como también se dice.

Así, del año 1 al 100 forman el siglo I d.C.; del 101 al 200, el siglo II (cuando se trata de nuestra era normalmente no se añade la abreviatura d.C.); del 201 al 300, el siglo III, y así sucesivamente.

Cuando se habla de un siglo nos referimos a los años que empiezan con el número anterior. Por ejemplo, cuando hablamos del siglo XX (veinte), nos referimos a los años que empiezan con 19, como 1994, por ejemplo. Los años del siglo XIX (diecinueve) son los que empiezan con 18, como 1810 o 1821, o 1867.

Ahora estamos cerca de comenzar un nuevo siglo. El último año del siglo XX será el año 2000; el primer año del siglo XXI será el 2001.

prácticas. Se inventaron máquinas que permitieron fabricar muchos productos en grandes cantidades, y la importancia del comercio fue cada día mayor.

Durante el Siglo de las Luces la Nueva España tuvo un gran crecimiento económico, basado sobre todo en la minería. Pero esas riquezas beneficiaron sólo a los españoles y a unos pocos criollos.

Los reyes españoles mandaban en sus territorios sin tomar en cuenta la opinión de los habitantes. La mayoría de los puestos importantes en el gobierno, la Iglesia y el ejército de la Nueva España se les daban a españoles peninsulares, que habían nacido en España, en la península ibérica. Los criollos, hijos de españoles que habían nacido en el virreinato, tenían muchas menos oportunidades.

Los criollos sentían que la Nueva España era su patria y que debían participar en su gobierno, pero no eran tomados en cuenta por las autoridades españolas. Su descontento, junto con las diferencias entre los ricos, que eran pocos, y los pobres, que eran muchísimos, causaron un malestar social cada vez mayor.

Antecedentes de la independencia

Durante los dos siglos anteriores, Inglaterra había ido ocupando algunos territorios en el norte de América, hasta formar trece colonias. En 1776, estas colonias lucharon contra Inglaterra para independizarse y cada una se convirtió en un estado. Los trece estados se unieron en una república que se llamó Estados Unidos de América.

▼ 1780

▼ 1781

• Primera imprenta en Santiago de Chile

• Sublevación de Tupac Amaru en Perú

En 1789, estalló la Revolución Francesa. Bajo la influencia de pensadores ilustrados, los franceses derrocaron a su monarca, Luis XVI, lo condenaron a morir en la guillotina y convirtieron a Francia en una república. Los revolucionarios franceses proclamaron los principios de libertad, igualdad y fraternidad para todos los seres humanos. Sus ideas circularon muy pronto por Europa y por América.

La Revolución Francesa fue atacada por varios reinos europeos que se sentían amenazados por las nuevas ideas. Sin embargo, un grupo de brillantes militares defendió a Francia. Uno de estos jóvenes, Napoleón Bonaparte, llegó a gobernar su país y se hizo nombrar emperador. Napoleón I conquistó gran parte de Europa y en 1808 invadió España. Obligó a los reyes españoles a renunciar y puso en el trono a su hermano, José Bonaparte. España y sus dominios americanos quedaron sin el gobierno que hasta entonces habían tenido.

Los criollos de la Nueva España se mantuvieron leales al rey, que estaba desterrado. Pero unos pensaron que los propios novohispanos debían gobernar su tierra, mientras volvía el rey que Napoleón había quitado. De esa manera no quedarían bajo el mando de los invasores. Otros creyeron que debían obedecer al gobierno que los españoles habían organizado en la península para oponerse a Napoleón. Los dos grupos se enfrentaron. Ganaron los que pensaban que lo mejor era seguir obedeciendo al gobierno de España. Acusaron a los otros de conspiradores y los metieron a la cárcel. Entre los encarcelados había varios miembros del ayuntamiento de la Ciudad de México.

Monarquías y repúblicas

En una *monarquía absoluta*, como la francesa o la española del siglo XVIII, los reyes no tenían que obedecer ninguna ley. Hacían siempre su voluntad.

En una *monarquía constitucional*, como la inglesa del siglo XVIII, o las que existen actualmente en Europa, los reyes se comprometen a obedecer leyes que son preparadas y aprobadas por los representantes que el pueblo elige.

En las monarquías, lo mismo si son absolutas que si son constitucionales, los soberanos reinan durante toda su vida y al morir dejan el trono al mayor de sus hijos.

En una *república* los ciudadanos eligen representantes, para que ellos tomen las decisiones del gobierno y establezcan leyes que todos deben obedecer; aun los gobernantes. En una república existe un poder ejecutivo, encargado de la administración; un poder legislativo, que establece las leyes, y un poder judicial, que imparte la justicia. Estos poderes no están nunca en manos de una misma persona. Tampoco se heredan de padres a hijos.

La Constitución de Apatzingán en 1814 adoptó el régimen republicano. Desde 1823, cuando el Plan de Casa Mata proclamó este sistema de gobierno, en México ha prevalecido la república. El poder ejecutivo reside en el presidente de la república; el legislativo en el Congreso de la Unión, formado por la Cámara de Diputados y la Cámara de Senadores, y el judicial está encabezado por la Suprema Corte de Justicia.

▼ 1782

La conspiración de Querétaro

Mientras tanto, al igual que sucedía en otros países de Hispanoamérica, algunos criollos comenzaron a reunirse en secreto para planear la forma de cambiar el gobierno del virreinato. En 1809, una de esas conspiraciones fue descubierta en la ciudad de Valladolid, que ahora se llama Morelia.

El año siguiente, Miguel Domínguez, que era el corregidor (una clase de juez) de Querétaro, y su esposa, Josefa Ortiz de Domínguez, empezaron a reunirse con algunos militares, como Ignacio Allende y Juan Aldama. A esas juntas también asistía Miguel Hidalgo y Costilla, el párroco de Dolores.

Hidalgo tenía 57 años. Había nacido en Corralejo, Guanajuato, y estudiado en Valladolid, en el Colegio de San Nicolás, donde fue maestro y rector. Era un hombre culto, emprendedor, de ideas avanzadas, muy querido en la región. Le preocupaba que la gente viviera mejor y enseñó a sus fieles a cultivar la vid, criar gusanos de seda, construir canales de riego, montar fábricas de loza y de ladrillos, y talleres de distintas clases. Hidalgo era también una persona alegre, que organizó una banda de música y de vez en cuando ponía obras de teatro con sus amigos.

La conspiración fue descubierta, pero antes de que las autoridades pudieran apresar a los participantes, doña Josefa lo supo y consiguió avisarle a Allende. Éste cabalgó toda la noche para ir de Querétaro a

*Josefa Ortiz de Domínguez.
Pintura anónima, 1807.*

Dolores sin que lo vieran y prevenir a Hidalgo: sus planes habían sido delatados.

El Grito de Dolores

Hidalgo y Allende adelantaron la fecha en que debían levantarse en armas. De inmediato, en la madrugada del domingo 16 de septiembre, Hidalgo mandó tocar las campanas de la iglesia para reunir a la gente. Les recordó las injusticias que sufrían y los animó a luchar contra el mal gobierno. Sus palabras inflamaron los corazones de los habitantes de Dolores y los convirtieron en insurgentes. Lo primero que hicieron fue sacar a los presos de la cárcel y poner dentro a las autoridades españolas.

Ahora celebramos cada año el *Grito de Dolores,* pero en aquella madrugada de 1810 el ambiente no era de fiesta, sino de enorme tensión. Los hombres y las mujeres que siguieron a Hidalgo no eran un ejército organizado. Eran un pueblo que quería un gobierno justo, en el que pudiera participar. No tenían armas suficientes, pero tomaron palos, hondas, machetes e instrumentos de labranza. Hidalgo comenzó su marcha con seiscientos hombres, que en pocos días llegaron casi a ochenta mil. Indios, mestizos, criollos y algunos españoles; militares, peones, mineros y sacerdotes iban mezclados.

La campaña de Hidalgo

En Atotonilco, Hidalgo tomó un estandarte con la Virgen de Guadalupe. Los insurgentes entraron sin resistencia en San Miguel el Grande (hoy, San Miguel Allende), Celaya y

▼ **1785**

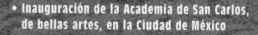

• Inauguración de la Academia de San Carlos, de bellas artes, en la Ciudad de México

Ignacio Allende.
Óleo de
Ramón Pérez,
1865.

antorcha, como recuerdo de su hazaña y como símbolo de la libertad, domina hoy en día la ciudad de Guanajuato.

La tropa tomó el edificio, mató a sus ocupantes y saqueó la ciudad, hecho que Hidalgo y Allende no pudieron evitar. Días después siguieron a Valladolid, que se rindió sin luchar pues sus habitantes estaban atemorizados por lo que había sucedido en Guanajuato.

Cerca de Valladolid, José María Morelos fue a hablar con Hidalgo, que había sido su maestro. Éste le encargó que levantara en armas el sur de la Nueva España y se apoderara de Acapulco, el puerto más activo en el Pacífico. Dominar un puerto era importante para comunicarse con el exterior.

Salamanca. Después llegaron a Guanajuato, una ciudad minera muy rica, y exigieron a Juan Antonio Riaño, quien gobernaba en la intendencia de Guanajuato, que se rindiera. Pero el intendente se dispuso a defender la ciudad. Se encerró con los españoles ricos en la alhóndiga de Granaditas, un gran almacén de granos.

Los españoles estaban bien armados y el edificio parecía impenetrable, así que la lucha comenzó a prolongarse. Hasta que, según se cuenta, un minero llamado Juan José Martínez y apodado *el Pípila*, se echó a la espalda una losa de piedra y así protegido contra las balas llegó a la puerta de la alhóndiga y le prendió fuego. Una colosal estatua del *Pípila*, que sostiene en alto una

Contra la esclavitud

Durante el Virreinato, en toda América hubo esclavos. Hidalgo ordenó en Valladolid ponerlos en libertad. Después, el 6 de diciembre de 1810, promulgó en Guadalajara un bando aboliendo la esclavitud. En los Estados Unidos, ésta fue suprimida hasta 1863. Éstos son los dos primeros puntos del documento de Hidalgo en Guadalajara:

1° Que todos los dueños de esclavos deberán darles la libertad, dentro del término de diez días, so pena de muerte.

2° Que cese para lo sucesivo la contribución de tributos, respecto de las castas que los pagaban, y toda exacción (exigencia de impuestos) que a los indios se les haga.

▼ 1786

• La Nueva España se divide en intendencias y se abre al comercio exterior

Batalla del Monte de las Cruces.
Obra de Santiago Hernández
y Hesiquio Iriarte, 1869.

Hidalgo tomó Zitácuaro y Toluca, y avanzó hacia la Ciudad de México. En las cercanías de la capital, en la batalla del Monte de las Cruces, logró una victoria total contra el ejército realista, el de los españoles. Tras ese triunfo, Allende propuso que fueran sobre la capital, pero Hidalgo se opuso. Tal vez consideró que no tenía hombres y armas suficientes, o temió que la ciudad fuera saqueada como Guanajuato. El caso es que prefirió regresar a Valladolid; desalentados por esa decisión, muchos de sus seguidores abandonaron el ejército.

Poco después los insurgentes fueron atacados por Félix María Calleja en Aculco, en el hoy Estado de México, y sufrieron una terrible derrota. Quedaron casi aniquilados y perdieron muchas armas y provisiones. Hidalgo se retiró a Guadalajara, donde suprimió la esclavitud y los tributos (impuestos debidos en

productos) que pagaban los indios. Mientras tanto, en otras partes del país habían estallado revueltas que seguían su ejemplo.

Finalmente, el 16 de enero de 1811, los insurgentes fueron vencidos de nuevo, de manera definitiva, por Calleja, en Puente de Calderón, cerca de Guadalajara.

Con unos cuantos soldados, Hidalgo y Allende marcharon al norte para comprar armas en la frontera. En Coahuila, en un lugar llamado Norias del Baján (o Acatita del Baján), fueron traicionados y apresados, junto con Aldama y José Mariano Jiménez. En la ciudad de Chihuahua se les sometió a juicio y se les condenó a muerte. Hidalgo fue ejecutado el 30 de julio de 1811. Su cabeza, y las de Allende, Aldama y Jiménez, fueron puestas en jaulas de hierro, en las esquinas de la alhóndiga, en Guanajuato, como advertencia a la población.

▼ 1788

▼ 1789

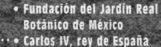

• Fundación del Jardín Real
Botánico de México
• Carlos IV, rey de España

• Constitución política de los
Estados Unidos de América
• Revolución Francesa. *Declaración
de los Derechos del Hombre*

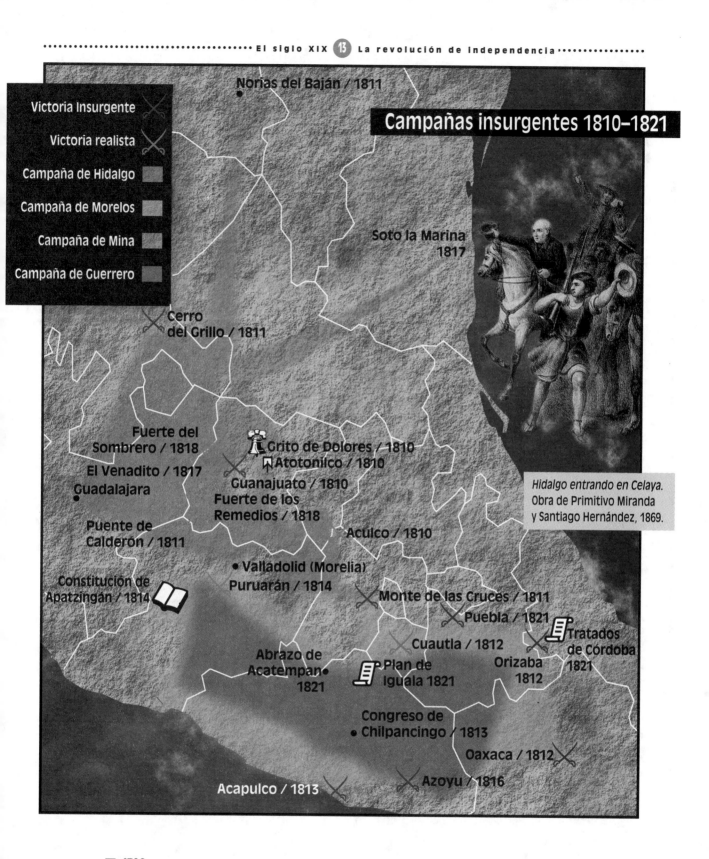

Campañas insurgentes 1810–1821

- Victoria Insurgente
- Victoria realista
- Campaña de Hidalgo
- Campaña de Morelos
- Campaña de Mina
- Campaña de Guerrero

Norias del Bajón / 1811

Soto la Marina 1817

Cerro del Grillo / 1811

Fuerte del Sombrero / 1818
El Venadito / 1817
Guadalajara
Puente de Calderón / 1811

Grito de Dolores / 1810
Atotonilco / 1810
Guanajuato / 1810
Fuerte de los Remedios / 1818

Aculco / 1810

Constitución de Apatzingán / 1814

Valladolid (Morelia)
Puruarán / 1814

Monte de las Cruces / 1811
Puebla / 1821
Cuautla / 1812
Orizaba 1812
Tratados de Córdoba 1821

Abrazo de Acatempan 1821
Plan de Iguala 1821

Congreso de Chilpancingo / 1813

Oaxaca / 1812

Acapulco / 1813
Azoyu / 1816

Hidalgo entrando en Celaya. Obra de Primitivo Miranda y Santiago Hernández, 1869.

▼ **1790**

Descubrimiento, en el Zócalo de México, de la *Piedra del Sol* o *Calendario Azteca*

Del pensamiento de Morelos

*E*l *14 de septiembre de 1813, Morelos presentó ante el Congreso reunido en Chilpancingo un escrito que llamó* Sentimientos de la Nación. *Los siguientes son fragmentos de ese documento:*

Que la América es libre e independiente de España y de toda otra nación, gobierno o monarquía, y que así se declare, dando al mundo las razones.

La soberanía (el derecho a mandar) procede directamente del pueblo, que sólo quiere depositarla en sus representantes dividiendo los poderes de ella en Legislativo, Ejecutivo y Judiciario (Judicial), eligiendo las provincias sus vocales y éstos a los demás, que deben ser sujetos sabios y honrados.

Que para dictar una ley se discuta en el Congreso, y se decida a pluralidad de votos.

Que la esclavitud se proscriba para siempre, y lo mismo la distinción de castas, quedando todos iguales, y sólo distinguirá a un americano de otro el vicio y la virtud.

Que se solemnice el día 16 de septiembre todos los años, como el día en que se levantó la voz de la independencia y nuestra santa libertad comenzó, pues en ese día se abrieron los labios de la nación para reclamar sus derechos y empuñó la espada para ser oída, recordando siempre el mérito del gran héroe el señor don Miguel Hidalgo y Costilla y su compañero, don Ignacio Allende.

Morelos. Cuadro anónimo de 1812.

La campaña de Morelos

Mientras tanto, José María Morelos había levantado un ejército no muy numeroso, pero bien organizado y animado de fervor patriótico, que iba sumando triunfos.

Morelos nació en Valladolid, que ahora se llama Morelia en su honor. Fue campesino y arriero; luego ingresó al Colegio de San Nicolás, donde fue alumno de Hidalgo, y se ordenó sacerdote en 1797. Morelos era valeroso y tenía una enorme capacidad de organización. Por su genio militar fue llamado *el Rayo del Sur*.

Morelos logró apoderarse de Cuautla en febrero de 1812. Calleja no pudo arrebatarle la ciudad y entonces la sitió; la rodeó

▼ **1792**

▼ **1793**

• Inauguración del Real Seminario de Minería en la Ciudad de México

• Censo de la Nueva España: 4,433,680 habitantes

con su tropa para que nadie pudiera entrar ni salir; para que tuviera que rendirse por hambre y por sed. Sin embargo, los habitantes de Cuautla la defendieron con heroísmo.

Un día, los insurgentes tuvieron que retroceder ante un fuerte ataque de los españoles; parecía que los realistas entrarían a la ciudad. En ese momento, Narciso Mendoza, un niño de doce años, vio que un cañón había quedado abandonado, tomó una antorcha y lo disparó contra los atacantes. Con eso, el *Niño artillero* dio tiempo para que Morelos y uno de sus capitanes, Hermenegildo Galeana, rechazaran el ataque.

Después de 72 días de cerco, Calleja ofreció perdonar a los insurgentes si se rendían. Morelos le contestó: "Concedo igual gracia a Calleja y a los suyos". Sin embargo, llegó el momento en que Morelos decidió salir de la ciudad, aunque estuviera sitiada, y lo logró. Después reorganizó su ejército y tomó Orizaba, Oaxaca y Acapulco.

Morelos llegó a la conclusión de que hacía falta un gobierno que unificara el movimiento de independencia, y decidió organizar un congreso para que redactara una constitución. El Congreso de Anáhuac se reunió durante cuatro meses en Chilpancingo.

Ante el Congreso, Morelos presentó un documento titulado *Sentimientos de la Nación*. Allí declaró que el país debía ser independiente, y propuso la abolición de la esclavitud y la igualdad de todos los hombres ante la ley. El Congreso le concedió el tratamiento de *Alteza,* pero Morelos lo rechazó, y adoptó el de *Siervo de la Nación.*

En 1814, el Congreso elaboró la Constitución de Apatzingán, el primer conjunto de leyes mexicanas. Nunca entró en vigor, por-

que los insurgentes comenzaron a sufrir una derrota tras otra. Morelos fue hecho prisionero cuando escoltaba al Congreso camino a Tehuacán. Fue fusilado en San Cristóbal Ecatepec, en el ahora Estado de México, el 22 de diciembre de 1815. Tenía cincuenta años.

El gobierno virreinal intentó tranquilizar al país, pero el descontento continuaba. Habían muerto los primeros caudillos de la independencia, pero nuevos jefes insurgentes continuaron en pie de guerra. Entre otros, Nicolás Bravo, Pedro Moreno y Guadalupe Victoria. Vicente Guerrero mantuvo viva la llama de la rebelión en las montañas del sur.

Manuela Medina, capitana de Morelos

Juan Nepomuceno Rosains fue secretario de Morelos. Éste es un fragmento de su diario durante la toma del puerto de Acapulco, en 1813.

Miércoles 7 de abril. Hoy no se ha hecho fuego ninguno. Llegó en este día a nuestro campo doña Manuela Medina, india natural de Taxco, mujer extraordinaria a quien la junta le dio el título de capitana porque ha hecho varios servicios a la nación, pues ha levantado una compañía y se ha hallado en siete acciones de guerra. Hizo un viaje de más de cuatrocientos kilómetros por conocer al general Morelos. Después de haberlo visto, dijo que ya moría con ese gusto aunque la despedazase una bomba.

Atender a los indígenas

En 1799, el obispo de Michoacán, Antonio de San Miguel (1726–1804), envió al rey de España un informe sobre la Nueva España. De este documento se ha adaptado el texto que sigue:

La población de la Nueva España se compone de tres clases de hombres: blancos o españoles, indios, y castas o mestizos. Los españoles componen la décima parte del total. Casi todas las propiedades y la riqueza están en sus manos. Los indios y las castas cultivan la tierra, sirven a la gente acomodada, y sólo viven del trabajo de sus brazos. De ello resulta entre los indios y los blancos ese odio recíproco que tan fácilmente nace entre los que lo poseen todo y los que nada tienen. No hay estado intermedio: allí se es rico o miserable, noble o infame.

Los naturales no tienen propiedad individual, y están obligados a cultivar los bienes de la comunidad. Este género de cultivo llega a ser para ellos una carga insoportable, pues de algunos años a esta parte casi deben haber perdido la esperanza de sacar para sí ningún provecho de su trabajo.

La ley prohíbe la mezcla de castas; prohíbe también a los blancos establecerse en los pueblos indios; y a éstos domiciliarse entre los españoles. Esta distancia puesta entre unos y otros se opone a la civilización.

Entre las castas hay muchas familias que por su color, su fisonomía y modales, podrían confundirse con los españoles; pero la ley las mantiene envilecidas. Todos estos hombres de color, de carácter enérgico y ardiente, viven en constante irritación contra los blancos, siendo maravilla que su resentimiento no los arrastre con más frecuencia a la venganza.

Que no se diga a Su Majestad que basta el temor del castigo para conservar la tranquilidad en estos países, porque se necesitan otros medios. Hace falta atender a la suerte de los indios y de las gentes de color.

▼ 1796

La enseñanza de las artes

A principios de 1803 el sabio alemán Alexander von Humboldt (1769–1859) llegó a México, en un viaje de estudio que lo llevó a investigar durante más de un año todos los aspectos de la naturaleza, la organización política y la vida económica y social de la Nueva España. Una de las muchas cosas que lo sorprendieron fue la Academia de San Carlos, en la Ciudad de México, que todavía hoy es una escuela de artes plásticas.

Ninguna ciudad del nuevo continente, sin exceptuar las de los Estados Unidos, presenta establecimientos científicos tan grandes y sólidos como la capital de México. Citaré sólo la Escuela de Minas, el Jardín Botánico y la Academia de pintura y escultura conocida con el nombre de Academia de las Nobles Artes.

El gobierno le ha cedido a esta Academia una casa espaciosa, en la cual se halla una colección de esculturas de yeso más bella y completa que ninguna de las de Alemania.

En el edificio de la Academia, o más bien en uno de sus patios, deberían reunirse los restos de la escultura mexicana, y algunas estatuas colosales que hay de piedra, cargadas de jeroglíficos aztecas.

No se puede negar el influjo que ha tenido este establecimiento en formar el gusto de la nación.

Son muchos los buenos edificios que hay en México, y en ciudades de provincia, como Guanajuato y Querétaro. Son monumentos que podrían figurar en las mejores calles de París, Berlín y Petersburgo.

La enseñanza que se da en la Academia es gratuita. Todas las noches se reúnen en grandes salas, bien iluminadas, centenares de jóvenes, de los cuales unos dibujan al yeso o al natural, mientras otros copian diseños de muebles, candelabros u otros adornos de bronce. En esta reunión (cosa notable en un país en que tan grandes son los prejuicios de la nobleza contra las castas) se hallan confundidas las clases, los colores y razas; allí se ve el indio o mestizo al lado del blanco, el hijo del pobre artesano en compañía de los principales señores del país.

▼ 1799

••••• Alexander von Humboldt y Aimé Bonpland inician su viaje por América

El siglo XIX

La consumación de la independencia

LECCIÓN 2

Mientras Hidalgo y Morelos combatían por la independencia, en España el pueblo luchaba para expulsar a los franceses, que la habían invadido, como vimos, en 1808. El gobierno provisional que habían formado los españoles convocó a una junta de representantes de todo el imperio, incluyendo las colonias, que se reuniría en el puerto de Cádiz.

Las Cortes y la Constitución de Cádiz

En los dominios españoles de América hubo gran interés, pues era la primera vez que se tomaba en cuenta a los criollos. A las Cortes de Cádiz (nombre que se dio al congreso de representantes de todo el imperio español) acudieron diecisiete representantes de la

El 3 de mayo de 1808. Los fusilamientos en la montaña del Príncipe Pío. Cuadro de Francisco José de Goya, en que se ven los fusilamientos de patriotas españoles por las tropas francesas.

Nueva España. Estos diputados exigieron que los españoles y los hispanoamericanos fueran iguales ante la ley; que se suprimieran las castas (la discriminación a quienes eran hijos de las mezclas entre españoles, indios y negros); se abrieran más caminos, escuelas e industrias; que los habitantes de la Nueva España pudieran participar en su gobierno; que hubiera libertad de imprenta y se declarara que la soberanía (el derecho a mandar, la autoridad para gobernar) reside en el pueblo.

La Constitución Política de la Monarquía Española, como se llamó el documento que produjeron las Cortes, se promulgó en marzo de 1812. El documento limitó los poderes del rey y estableció que todos los habitantes del imperio, nacidos en España o en América, eran iguales; también eliminó el tributo (Impuesto debido en productos) que pagaban los indígenas.

Muchos diputados americanos y españoles estaban de acuerdo con que la situación cambiara; querían libertad y un gobierno apegado a las leyes. Eran liberales. Muchos otros no querían que las cosas cambiaran; pensaban que era mejor conservarlas como estaban. Eran conservadores.

Con la Constitución de Cádiz en vigor, los territorios de América tenían derecho a enviar representantes a España para defender sus intereses. Sin embargo, cuando las tropas de Napoleón fueron expulsadas de España, en 1814, subió al trono Fernando VII y se negó a gobernar conforme a la Constitución.

Nicolás Bravo,
pintado por José Inés Tovilla, 1920.

La clemencia de un Bravo

Corría el año de 1812. Las tropas de José María Morelos, sitiadas en Cuautla, la defendieron heroicamente por tres meses. Forzadas por la falta de alimentos y de municiones, finalmente decidieron abandonarla. Lo consiguieron con muy pocas bajas. Al breve tiempo, uno de sus principales jefes, Leonardo Bravo, que se había encargado de fortificar la ciudad, cayó prisionero.

El gobierno virreinal ofreció a su hijo, Nicolás Bravo, que si abandonaba la causa de la independencia perdonaría la vida a don Leonardo.

Morelos no quiso imponer su autoridad sobre los sentimientos del joven Bravo y le propuso que ofreciera a cambio ochocientos prisioneros españoles. Sin embargo, el virrey Venegas no aceptó la oferta y Leonardo Bravo fue ejecutado.

Indignado, Morelos ordenó a Nicolás Bravo que fusilara a trescientos prisioneros que estaban bajo su custodia. El joven insurgente, que tenía veintiséis años, dispuso que los cautivos se presentaran ante sus tropas formadas y les contó lo que había sucedido. Luego les preguntó qué debía hacer con ellos. Asustados, los españoles no se atrevían a hablar. Nicolás Bravo rompió el silencio con sus célebres palabras: "Quedáis en libertad".

▼ 1803

• Virrey José de Iturrigaray ....
• Alexander von Humboldt
  llega a la Nueva España
•••• • Estatua ecuestre de Carlos IV
  ("El Caballito"), por Manuel Tolsá,
  en la Ciudad de México

Fray Servando el indomable

Fray Servando Teresa de Mier nació en Monterrey, Nuevo León, en 1765. Tomó el hábito de la orden de Santo Domingo y, en la Ciudad de México, obtuvo el grado de doctor en teología.

Fray Servando aprovechaba todas las oportunidades para hablar contra el gobierno virreinal, y lo hacía con imaginación. En 1794, pronunció un sermón sobre la Virgen de Guadalupe, según el cual los antiguos mexicanos ya habían recibido la enseñanza cristiana antes de que llegaran los españoles. (Según fray Servando, Quetzalcóatl era en realidad el apóstol Santo Tomás, que había cruzado el Atlántico para predicar la palabra de Cristo.) Con eso, ya no había justificación para la conquista y la ocupación del Nuevo Mundo por los españoles. El sermón resultó demasiado revolucionario y fray Servando fue encarcelado y desterrado a España.

A partir de entonces llevó una vida aventurera, conspirando y luchando por la independencia. Sufrió encierros en cárceles y en conventos de España, Francia, Italia y Portugal. En total, se llegó a fugar siete veces de diferentes prisiones.

Cuando comenzó la revolución de independencia, fray Servando comenzó a trabajar en Londres por esta causa, a través de los artículos que escribía en los periódicos. Convenció a Francisco Javier Mina de que viniera a México a pelear contra el gobierno español y lo acompañó en 1817. Aquí fue nuevamente aprehendido y juzgado por la Inquisición.

Después de nuevas aventuras, obtuvo su libertad definitiva y llegó a ser diputado por Nuevo León en el segundo Congreso Constituyente. Fray Servando fue uno de los diputados que firmaron la Constitución de 1824. Murió tres años después, en la Ciudad de México.

Entre sus obras escritas más importantes están la *Historia de la revolución de Nueva España*, que se imprimió en Londres, en 1813, y las *Cartas de un americano al español*, de 1811-1812.

Fray Servando Teresa de Mier.
Pintura anónima, hacia 1825.

▼ 1804

• Napoleón Bonaparte (Napoleón I), emperador de Francia

En España muchos liberales fueron perseguidos y encarcelados por el gobierno del rey Fernando VII. Pero siguieron defendiendo sus ideas. En 1820 lograron el apoyo de una parte del ejército y obligaron a Fernando VII a que gobernara de acuerdo con la Constitución de Cádiz. Aunque el rey no tardó en deshacerse de ella y volvió a mandar como déspota, ese breve tiempo en que se vio obligado a aceptar la Constitución tuvo consecuencias muy importantes en la Nueva España.

Vicente Guerrero, retratado por Anacleto Escutia, 1850.

La Nueva España hacia 1820

En abril de 1817, el liberal español Francisco Javier Mina llegó a la Nueva España para luchar del lado de los insurgentes. Lo acompañaba el sacerdote mexicano fray Servando Teresa de Mier.

Cuando Napoleón invadió España, Mina dejó sus estudios para combatir a los franceses, pero fue capturado y estuvo prisionero en Francia hasta que Fernando VII recuperó su trono. Mina regresó a España, y al saber que el monarca traicionaba la Constitución se levantó en armas. Derrotado, huyó a Inglaterra, donde conoció a fray Servando, quien lo convenció de que peleando por la independencia de México combatiría mejor contra el rey español.

Mina llegó a Soto la Marina, en el Golfo de México, con tres barcos y poco más de trescientos hombres, cuyas armas había comprado con dinero conseguido en Inglaterra y en los Estados Unidos. A estos países les interesaba debilitar a España. Mina ganó algunas batallas, ayudó al insurgente Pedro Moreno, recorrió el Bajío e intentó tomar Guanajuato.

Seis meses después de su llegada, Mina fue hecho prisionero en el rancho del Venadito, en una batalla en que murió Pedro Moreno. A los pocos días, Mina fue fusilado.

Al llegar 1820, muchos insurgentes habían sido derrotados, se habían retirado o habían aceptado el perdón del virrey. Pero algunos se mantenían en pie de lucha, en una tenaz resistencia de grupos pequeños e indomables. Los dirigían, entre otros, Juan Álvarez, Guadalupe Victoria y Vicente Guerrero.

Guerrero nació en Tixtla (ahora en el estado de Guerrero), en 1782. Peleó bajo las órdenes de Hermenegildo Galeana y de José María Morelos. Tomó parte en innumerables combates y casi siempre salió victorioso; destacó por su valentía y su lealtad. Guerrero deseaba que México fuera independiente.

▼ 1807

Litera de Veracruz a México.
Litografía de Claudio Linati,1828.

En el tiempo de la lucha por la independencia, la vida de todos los días era, más o menos, como la retrataron algunos artistas pocos años después. Dos de ellos fueron el italiano Claudio Linati (1790-1832) y el mexicano Casimiro Castro (1826-1889).

Los españoles y los criollos ricos habían estado en contra de Hidalgo y de Morelos, y en contra de las Cortes de Cádiz. No querían que hubiera igualdad, porque perderían sus privilegios. Sin embargo, en 1820 también ellos creyeron llegado el momento de que la Nueva España se independizara. No estaban de acuerdo con las ideas de igualdad y de soberanía popular, ni les interesaba mucho mejorar las condiciones en que vivía la gente. Pero no querían obedecer la Constitución de Cádiz, que en España acababa de ser puesta nuevamente en

vigor, así que decidieron apoyar la independencia. Si la Nueva España se hacía independiente, ellos podrían controlar la situación y mantener sus privilegios.

Ahora fueron los criollos ricos y los españoles quienes empezaron a conspirar, en la iglesia de La Profesa, en la Ciudad de México. En esas reuniones se decidieron por la independencia; pero antes necesitaban pacificar el virreinato. Para conseguirlo, lograron que el virrey enviara al coronel criollo Agustín de Iturbide a combatir contra Vicente Guerrero.

Iturbide intentó derrotar a Guerrero, pero el insurgente conocía tan bien las serranías del sur que no hubo manera de vencerlo. El virrey convenció al padre de Guerre-

▼ **1808**

▼ **1809**

••••••• Invasión de España por Napoleón I
• Fundación de la Arcadia Mexicana
(grupo de escritores)
••••••••••••••• • Virrey Pedro Garibay

• Conspiración
••••• de José Mariano Michelena
en Valladolid, contra
las autoridades virreinales

ro de que le ofreciera el perdón a su hijo y le pidiera que dejase la lucha; el caudillo contestó: "La patria es primero".

Entonces, respaldado por los clérigos más importantes, los españoles y aquellos criollos que eran dueños de minas y de muchas tierras, en enero de 1821 Iturbide le escribió a Guerrero pidiéndole que se reunieran para hablar sobre la independencia. Lo hicieron primero en Acatempan y después en Iguala, donde Guerrero aceptó apoyar a Iturbide, pues con eso ya no habría obstáculos para alcanzar la libertad de la nación.

Guerrero sabía que luchando solo no tenía casi ninguna oportunidad de triunfar. Iturbide sabía que sería muy difícil y costo-

so, y que llevaría mucho tiempo derrotar a Guerrero. A los dos les interesaba completar la independencia. Guerrero era el continuador del movimiento iniciado por Hidalgo y por Morelos; Iturbide representaba los intereses de los criollos ricos y de los propios españoles que vivían en América y no querían ya depender de España.

Triunfo de la independencia

El 24 de febrero de 1821, con el respaldo de Guerrero, Iturbide firmó un documento en que invitaba a todos los habitantes de la Nueva España a olvidar sus divisiones y a unirse para alcanzar la independencia. A

Mercado en la Ciudad de México, hacia 1850, según lo dibujó Casimiro Castro.

▼ 1810

▼ 1811

• Virrey Francisco Javier Venegas
• 16 de septiembre, Grito de Dolores
• Toma de la alhóndiga de Granaditas en Guanajuato
• Se inicia la campaña de Morelos en el sur
• Batallas del Monte de las Cruces y de Aculco

• Derrota insurgente en Puente de Calderón
• Prisión y ejecución de Hidalgo y Allende
• Comienza a publicarse, en Francia, el *Ensayo* de Humboldt sobre Nueva España

La entrada del Ejército Trigarante

Juan de Dios Peza (1852–1910) no fue testigo de la entrada a México del Ejército de las Tres Garantías, pero en estos párrafos recrea con emoción ese momento de triunfo como si lo hubiera vivido. Peza escribió sobre todo obras de teatro y poesías. Fue periodista, maestro y diplomático.

Me acuerdo de todo como si en este momento lo estuviera viendo. En la Ciudad de México se esperaba ya la entrada del Ejército de las Tres Garantías, y la gente se agrupó en las calles para contemplar por primera vez, tremolando libre en las manos de los guerreros, el pabellón verde, blanco y rojo.

Hacía un sol hermosísimo. Era un día claro, brillante, limpio. Parecía que el cielo y la tierra estaban tan alegres como nuestros corazones.

¡Qué hermoso, qué hermoso aquel día 27 de septiembre! Todos teníamos fe en Iturbide y en el porvenir.

Al desfilar por las calles, cada uno de nuestros batallones, cada regimiento era saludado con vivas y aplausos. Cuando pasamos los soldados del Sur, los que habíamos peleado sin tregua durante once años en las montañas, los que formábamos la legión indomable del general Vicente Guerrero, el entusiasmo del pueblo que nos recibía rayó en delirio. La gente nos arrojaba flores y nos aclamaba; las mujeres nos decían frases de ternura; y nosotros, llenos de gratitud, nos sentíamos orgullosos de nuestro pobre aspecto, de nuestros harapos, de nuestras viejas armas y de nuestra piel ennegrecida, tostada por el cielo del sur y por la pólvora de los combates.

¡Día de nuestro triunfo! Si es posible ver desde el cielo lo que pasa en la tierra, sin duda esa mañana estaban ya satisfechos y tranquilos todos los mártires de la causa de 1810, todos los héroes que, sin otro elemento que su propio esfuerzo, sin más recursos que sus convicciones, y con las solas fuerzas del derecho y la justicia, derramaron su sangre generosa.

▼ **1812**

▼ **1813**

- Sitio de Cuautla
- Constitución de Cádiz
- *El Pensador Mexicano* periódico de Fernández de Lizardi
- Morelos toma Oaxaca

- Manuel Tolsá termina el Palacio de Minería en la Ciudad de México
- Virrey Félix María Calleja del Rey
- José María Morelos toma Acapulco
- Congreso de Chilpancingo

este documento se le llamó Plan de Iguala o de las Tres Garantías.

Las tres garantías eran los motivos que los unían: religión única (la católica), unión de todos los grupos sociales, e independencia de México, que sería una monarquía constitucional. Cada garantía se representó con un color y se hizo con ellos una bandera, símbolo de la nueva nación. A lo largo de la historia, la forma de nuestra bandera ha cambiado, pero sus colores han sido los mismos desde el principio.

A mediados de 1821 llegó a la Nueva España Juan O'Donojú, el último español enviado para gobernarla. O'Donojú se dio cuenta de que los mexicanos querían la independencia. Convencido de que no podría gobernar y de que era imposible cambiar lo que se había avanzado para la liberación del país, O'Donojú firmó con Iturbide los Tratados de Córdoba, mediante los cuales reconoció la independencia de México.

El 27 de septiembre de 1821, al frente del Ejército Trigarante, o de las Tres Garantías, Iturbide entró en triunfo a la Ciudad de México. Todo el país celebró la consumación de la independencia. Hubo desfiles con carros alegóricos y arcos de triunfo; fuegos artificiales, flores, cohetes, campanas y música. Los poetas compusieron himnos y coplas

Solemne y pacífica entrada del Ejército de las Tres Garantías en la Ciudad de México el 27 de septiembre de 1821. Pintura anónima del siglo XIX.

SOLEMNE Y PACIFICA ENTRADA DEL EJERCITO DE LAS TRES GARANTIAS EN LA CAPITAL DE MEXICO EL DIA 27 DE SETIEMBRE DEL MEMORABLE AÑO

▼ 1814

▼ 1815

• **Muerte de Mariano Matamoros y de Hermenegildo Galeana**
• **Fernando VII, rey de España**
• **Constitución de Apatzingán**
• **Locomotora inventada en Inglaterra por George Stephenson**

• **Prisión y muerte de José María Morelos**
• **Derrota definitiva de Napoleón I en Waterloo, Bélgica**

a la libertad. Los periódicos, folletos y hojas volantes proclamaron las glorias alcanzadas con la independencia.

La rebelión que había comenzado en 1810 terminaba por fin. La nueva nación comenzaba su propia vida. Había conseguido la libertad y ahora tendría que organizar un gobierno propio y reconstruir lo que había sido dañado durante los once años de lucha por la independencia. Todos insistían en las riquezas de México y le profetizaban una vida esplendorosa. Pocos se daban cuenta de que la guerra lo había empobrecido; faltaban caminos y había grandes territorios deshabitados. La sociedad había quedado desorganizada y el desorden político era abrumador.

Dragón. Litografía de Claudio Linati, 1828.

COSTUMES MEXICAINS.
Dragon. Troupe de Ligue.

*E*l militar español Francisco Javier Mina vino a México a luchar en favor de la independencia. El escritor Martín Luis Guzmán (1887–1977) cuenta aquí cómo Mina fue capturado por el coronel realista Orrantia, en octubre de 1817, y fusilado pocos días después.

El día 27, al amanecer, Orrantia, ya a la vista del rancho del Venadito, mandó que avanzaran al galope 120 dragones (soldados de caballería) del Cuerpo de Frontera al mando del coronel José María Novoa. La sorpresa fue completa. Aquellos que intentaron defenderse, como don Pedro Moreno, fueron muertos. Al ruido, Mina saltó del lecho y, sin casaca, salió presuroso con ánimo de reunir a la gente, lo que le hizo perder tiempo y fue causa de que luego no pudiera huir. Un soldado, sin reconocerlo siquiera, lo cogió preso.

Ese mismo día Orrantia entró triunfalmente en Silao llevando preso a Mina y la cabeza

▼ 1816

▼ 1817

Prisión y muerte de Mina

de Moreno en la punta de una lanza. A Mina le echaron cadenas. Conforme se las ponían, dijo: "¡Bárbara costumbre española! Ninguna nación civilizada usa ya este género de prisiones. Más horror me da verlas que cargarlas!"

De Silao la noticia voló a todas partes. En la Ciudad de México se supo el suceso el 30 de octubre a las siete y media de la noche. Se mandó celebrarlo con repiques y salvas. En el teatro se cantó una marcha, cuya letra improvisó uno de los asistentes. Y el 1º de noviembre, al comunicarse por correo extraordinario a todas las capitales de provincia el parte de Orrantia, se mandó solemnizar la captura con *Te Deum* y misa de gracias.

Mina fue llevado por Orrantia al campamento de Liñán, donde se le quitaron las cadenas y se le dio mejor trato. Para encargarse del proceso se comisionó al coronel que hacía de mayor general del ejército sitiador. Se quería averiguar quiénes habían contribuido en Europa y

los Estados Unidos a formar la expedición y con quiénes se relacionaba Mina en el Bajío. Él no accedió a dar ni el menor informe.

El 11 de noviembre, día de San Martín, una escolta condujo a Mina desde el cuartel general del ejército hasta el crestón del cerro del Bellaco. Eran las cuatro de la tarde.

Los dos campos enemigos, suspendidas como de común acuerdo las hostilidades, guardaban silencio profundo. Acompañado por el capellán del Primer Batallón de Zaragoza, Mina apareció mostrando gran tranquilidad y compostura. "No me hagáis sufrir", dijo a los soldados escogidos para el fusilamiento. Cayó, herido por la espalda, tras de proferir la queja de que se le diese la muerte de un traidor.

Los restos de Javier Mina yacen hoy en la Ciudad de México, al pie de la Columna de la Independencia, donde una llama que jamás se extingue lo recuerda entre los mayores héroes de la nación mexicana.

▼ 1818

• Un terremoto destruye Colima

El abrazo de Acatempan

*E*l escritor y político Lorenzo de Zavala (1788–1836) narra el momento en que Vicente Guerrero y Agustín de Iturbide se entrevistaron en Acatempan, en el actual Estado de México.

Ambos jefes se acercaron, con cierta desconfianza el uno del otro, aunque evidentemente la de Guerrero era más fundada: Iturbide había hecho una guerra cruel y encarnizada a las tropas independientes desde el año de 1810. Los mismos jefes españoles apenas llegaban a igualar en crueldad a este americano desnaturalizado, y verlo como por encanto presentarse a sostener una causa que había combatido, parece que debía inspirar sospechas a hombres que, como los insurgentes mexicanos, habían sido muchas veces víctimas de su credulidad.

Sin embargo, Iturbide, aunque sanguinario, inspiraba confianza por el honor mismo que él ponía en todas sus cosas. No se le creía capaz de una traición, que hubiera manchado su reputación de valor y de nobleza de proceder. Por su parte, muy poco tenía que temer del general Guerrero, hombre que se distinguió desde el principio por su humanidad y una conducta llena de lealtad a la causa que sostenía.

Las tropas de ambos caudillos estaban a tiro de cañón una de otra. Iturbide y Guerrero se encuentran y se abrazan. Iturbide dice el primero: "No puedo explicar la satisfacción que experimento al encontrarme con un patriota que ha sostenido la noble causa de la independencia y ha sobrevivido él solo a tantos desastres, manteniendo vivo el fuego sagrado de la libertad".

Guerrero, que experimentaba, por su parte, sensaciones igualmente profundas y fuertes, le dijo: "Yo, señor, felicito a mi patria porque recobra en este día un hijo, cuyo valor y conocimientos le han sido tan funestos".

▼ 1820

▼ 1821

• Conspiración de La Profesa
• Se publica el periódico *La Abeja Poblana*

• Abrazo de Acatempan
• Llegada de Juan O'Donojú
• 27 de septiembre, entrada del Ejército de las Tres Garantías a la Ciudad de México
• Muerte de Napoleón Bonaparte

Ambos jefes estaban como oprimidos bajo el peso de tan grande suceso; ambos derramaban lágrimas que hacía brotar un sentimiento grande y desconocido. Después de haber descubier-

El abrazo de Acatempan. Ilustración de Hesiquio Iriarte, hacia 1870.

to Iturbide sus planes e ideas al señor Guerrero, este caudillo llamó a sus tropas y oficiales, lo que hizo igualmente por su parte el primero.

Reunidas ambas fuerzas, Guerrero se dirigió a los suyos y les dijo: "Soldados: este mexicano que tenéis presente es el señor don Agustín de Iturbide, cuya espada ha sido por muchos años funesta a la causa que defendemos. Hoy jura defender los intereses nacionales; y yo, que os he conducido a los combates y de quien no podéis dudar que moriré sosteniendo la independencia, soy el primero que reconozco al señor Iturbide como el primer jefe de los ejércitos nacionales. ¡Viva la independencia! ¡Viva la libertad!"

▼ 1822

• Centroamérica se une a México
• Agustín de Iturbide (Agustín I), emperador de México

El siglo XIX

Los primeros años del México Independiente

LECCIÓN 3

El 27 de septiembre de 1821 fue un día lleno de alegría para los mexicanos. Creían que la independencia resolvería los problemas de la nación y que ya no habría obstáculos para progresar. Al día siguiente se instaló una Junta Provisional de Gobierno, encargada de redactar el Acta de Independencia y de organizar un congreso que decidiera la forma de gobierno para el país.

La situación era difícil: el comercio marítimo se hallaba suspendido; las fronteras no estaban bien señaladas en el norte ni en el sureste; en más de cuatro millones y medio de kilómetros cuadrados vivían menos de siete millones de habitantes, casi todos en el centro. Habían muerto seiscientos mil hombres: casi la décima parte de la población y la mitad de los que trabajaban. Minas, campos y fábricas estaban abandonados; casi nadie pagaba impuestos y los gastos del gobierno aumentaban día con día, sobre todo para mantener al ejército. En los caminos abundaban los bandoleros y casi nadie se atrevía a salir a comerciar.

Hasta entonces las tierras de los indígenas pertenecían a los pueblos y no a las personas. Las trabajaban entre todos los habitantes del pueblo y nadie podía venderlas. Como los indígenas no estaban acostumbrados a que la tierra fuera pro-

piedad privada, la igualdad de todos los mexicanos ante la ley los dejó en desventaja frente a los criollos.

España no reconoció los Tratados de Córdoba que O'Donojú había firmado. No aceptó que México era independiente, y hasta 1825 siguió ocupando el fuerte de San Juan de Ulúa, en Veracruz. Además de España, otros países europeos querían apoderarse de México, para explotar sus riquezas.

A los mexicanos les faltaban armas y dinero, y así tendrían que defenderse. Lo peor era que se encontraban divididos, porque no estaban de acuerdo en la forma de gobierno que debían adoptar: unos querían la república y otros la monarquía. De estos últimos, unos querían que reinara algún príncipe español, y otros que fuera coronado Iturbide.

España no aceptó enviar un príncipe al trono de México y eso reforzó las ambiciones de Iturbide, que quería ser emperador. Una noche, un sargento llamado Pío Marcha salió a la calle con soldados y otras personas que hicieron escándalo exigiendo que Iturbide fuera coronado. Bajo esta presión, al día siguiente el Congreso lo declaró emperador, con el nombre de Agustín I. La coronación fue muy elegante, pero el imperio duró apenas once meses, hasta marzo de 1823.

▼ **1823**

▼ **1824**

• Plan de Casa Mata, de Antonio López de Santa Anna..... contra Iturbide
• Centroamérica se separa de México
• Fundación del Archivo General de la Nación

• Fusilamiento de Iturbide
• Constitución de 1824
• Guadalupe Victoria, primer presidente de México ......

México se hace república

Muchos mexicanos se oponían a Iturbide, y algunos diputados conspiraron en su contra. El emperador disolvió el Congreso y realizó otros cambios políticos. Al serle quitado el mando del puerto de Veracruz, Antonio López de Santa Anna se rebeló contra Iturbide. Puesto de acuerdo con Guadalupe Victoria, en febrero de 1823 Santa Anna proclamó el Plan de Casa Mata, que proponía establecer el sistema republicano. Santa Anna tenía veintisiete años y grado de coronel. Había iniciado su carrera mlitar en las filas realistas. Desde su primera campaña se distinguió por su valor y, al mismo tiempo, por su afición a los juegos de azar.

En marzo de 1823 Iturbide renunció al trono y se fue a Europa. Las provincias de Centroamérica (lo que actualmente son Guatemala, Honduras, El Salvador, Nicara-

Coronación de Iturbide. Cuadro anónimo, 1822.

gua y Costa Rica), que se habían unido al imperio, se separaron de México. Al año siguiente Iturbide regresó; como en su ausencia el Congreso había decretado que no podía volver a México, bajo pena de muerte, fue fusilado.

Cuando Iturbide dejó el trono, el gobierno quedó en manos de un Supremo Poder Ejecutivo formado por Nicolás Bravo, Guadalupe Victoria, Pedro Celestino Negrete, Mariano Michelena, Miguel Domínguez y Vicente Guerrero, que convocó a un segundo Congreso.

Los diputados al nuevo Congreso decidieron que México sería una república. Unos querían que la república fuera federal, formada por la unión (o federación) de varios estados, libres y soberanos para resolver sus problemas internos. Otros querían que fuera centralista, con provincias o departamentos en lugar de estados, y un poder central que resolviera todos los asuntos. La Constitución de 1824, preparada por este Congreso, se promulgó el 4 de octubre. Se decidió que México fuera una república federal, y que se llamara Estados Unidos Mexicanos.

México sigue siendo una república federal. Cada estado tiene constitución, gobernador, congreso y poder judicial propios, para resolver los asuntos que no afectan más que al propio estado. Pero todos están unidos en una federación y obedecen a una constitución y a un gobierno federal en los asuntos que los afectan en conjunto.

▼ 1825

Combate en San Juan de Ulúa.
Pintura anónima, siglo XIX.

El gobierno federal lo forman un presidente a cargo del poder ejecutivo, un Congreso que debe elaborar las leyes (poder legislativo), y una Suprema Corte de Justicia a la cabeza del poder judicial.

Los primeros presidentes

La Constitución de 1824 declaraba que todos los mexicanos eran iguales, que la única religión sería la católica, y concedía la libertad de imprenta. El Congreso convocó a elecciones, las primeras que hubo en el México independiente; resultaron electos, como presidente Guadalupe Victoria y como vicepresidente Nicolás Bravo.

Los primeros países que reconocieron la independencia de México fueron Chile, Colombia y Perú. Siguieron los Estados Unidos e Inglaterra. En ese tiempo, Simón Bolívar, libertador de la América del Sur, convocó a un Congreso en Panamá para buscar una alianza de los países hispanoamericanos que les permitiera defenderse. El embajador de los Estados Unidos en México, Joel R. Poinsett, que tan celosamente sirvió siempre a los intereses de su país, se opuso a este intento, que finalmente fracasó.

Mientras tanto, los españoles se preparaban en Cuba para reconquistar México, con la ayuda de los españoles que estaban en el país. Guadalupe Victoria terminó por expulsar a estos últimos. La medida reafirmó la independencia, pero tuvo efectos económicos desastrosos, pues junto con los desterrados salieron sus riquezas.

El gobierno de Guadalupe Victoria consiguió que los españoles que todavía estaban en San Juan de Ulúa se rindieran, hizo efectiva la abolición de la esclavitud que había decretado Hidalgo e impulsó la educación. Dos préstamos ingleses le permitieron pagar a tiempo los sueldos del ejército y de los empleados de gobierno. Otros préstamos extranjeros hicieron posible re-

▼ **1828**

• Motín de la Acordada, en
favor de Vicente Guerrero

parar los daños que habían sufrido las minas y ponerlas a funcionar. Comerciantes europeos y estadunidenses se instalaron en México.

Para defender sus intereses, los criollos ricos formaron agrupaciones políticas que se llamaron logias masónicas de rito escocés. Estos grupos estaban formados por partidarios del centralismo; se oponían a la república federal. El embajador Poinsett intervino nuevamente en los asuntos internos de México y organizó a la gente de clase media en otras logias, llamadas de rito yorkino, que preferían el sistema federal.

Al terminar el gobierno de Guadalupe Victoria, asumió la presidencia Vicente Guerrero. Su gobierno se dificultó por la falta de dinero. Sin recursos suficientes, era difícil resistir las presiones del ejército y del clero, que querían conservar las condiciones de vida que habían tenido en los últimos años del virreinato. Era difícil hacer producir los campos, las minas y las fábricas; mejorar y vigilar los caminos. Sin dinero suficiente no había manera de aumentar la riqueza de la nación, de afrontar la amenaza de agresiones extranjeras, ni de mantener la paz.

Con la intención de reconquistar México, el gobierno español envió una expedición, comandada por Isidro Barradas. Los invasores se adueñaron de Tampico en 1829, pero fueron derrotados de inmediato por Santa Anna. Guerrero mandó a su vicepresidente, Anastasio Bustamante, al frente de otro ejército a Jalapa, para contratacar rápidamente en caso de otra invasión, pero Bustamante aprovechó esas tropas para rebelarse contra Guerrero y apoderarse de la presidencia.

Guerrero se refugió en las montañas del sur. Bustamante pagó, según se dice, cincuenta mil pesos de oro a un marino genovés, Francisco Picaluga, para que le entregara a Guerrero. Picaluga invitó al insurgente a comer a su barco, en Acapulco, y cuando lo tuvo a bordo levó anclas. Guerrero fue acusado de traición y fusilado en Cuilapan, Oaxaca, el 14 de febrero de 1831. Tras la muerte de Guerrero hubo levantamientos que obligaron a Bustamante a dejar la presidencia.

La primera reforma liberal

Las nuevas elecciones hicieron presidente a Antonio López de Santa Anna, y vicepresidente a Valentín Gómez Farías. Santa Anna se retiró porque se sintió enfermo, y dejó en su lugar a Gómez Farías.

Valentín Gómez Farías y el escritor José María Luis Mora estaban convencidos de que era importante liberar al país de los gastos que significaba mantener al clero y al ejército, así como de los privilegios que uno y otro tenían. Crearon el partido reformista, que deseaba la igualdad de todos los mexicanos ante la ley. Fue el partido de los liberales, de los federalistas.

El clero y el ejército deseaban conservar los privilegios (*fueros,* se decía entonces) que habían tenido en el virreinato, como no pagar impuestos o contar con tribunales especiales para juzgar sus faltas. Junto con los grandes propietarios y los comerciantes más ricos, el clero y el ejército formaron el partido de los conservadores, de los centralistas, que encabezaba Lucas Alamán. Querían un gobierno central

▼ 1829

▼ 1830

• **Vicente Guerrero, presidente**
• **Invasión española dirigida por Isidro Barradas**

• **Comienza a funcionar**
el primer ferrocarril en Inglaterra

La reforma de Gómez Farías

A partir del siglo XVIII, en Europa y en América más y más gente se fue convenciendo de que todos los seres humanos deben ser iguales ante la ley. De que la soberanía (el derecho a mandar) pertenece al pueblo y éste nombra representantes para que lo gobiernen. Al extenderse estas ideas, en los países avanzados se fueron separando el poder de la Iglesia y el poder del Estado.

Esto ocurrió también en México. Para modernizar el país, los liberales se esforzaron porque el Estado se hiciera cargo de algunas tareas antes exclusivas de la Iglesia. Fue un proceso largo y difícil, porque significaba acabar con privilegios y costumbres muy viejos, y se llevó al cabo en varias etapas. En la primera de ellas, los liberales mexicanos fueron guiados por Valentín Gómez Farías y José María Luis Mora.

Valentín Gómez Farías (1781-1858) nació en Guadalajara, Jalisco. Fue médico. En 1833, cuando Antonio López de Santa Anna fue presidente, Gómez Farías ocupó la vicepresidencia. Como Santa Anna dejó su cargo varias veces, Gómez Farías pudo desarrollar en apenas un año una actividad muy intensa en favor de las ideas liberales. Sus reformas pretendían otorgar la libertad de prensa, acabar con los privilegios del clero y del ejército, ampliar la instrucción pública, y mejorar las condiciones de vida de los indígenas. Gómez Farías dictó leyes para organizar la Biblioteca Nacional, un Establecimiento de Ciencias Médicas y un Establecimiento de Bellas Artes.

El colaborador más cercano de Gómez Farías fue José María Luis Mora (1794–1850). Mora nació en Chamacuero, Guanajuato. En 1829, en México, se ordenó como sacerdote y obtuvo el doctorado en Teología. Fue un orador excelente y un incansable periodista que difundió las ideas liberales en muchas publicaciones.

Sus libros más importantes son *México y sus revoluciones* y *Obras sueltas*, los dos publicados en París, en 1836 y 1837.

▼ 1831

fuerte, que les parecía una solución para evitar el desorden.

Durante su gobierno, Gómez Farías dictó leyes contra los privilegios del clero y del ejército. Esto provocó una serie de revueltas militares de los conservadores. Se ocasionó un caos tal, que en los siguientes veinticinco años, en los que debió haber habido seis o siete periodos presidenciales (entonces de cuatro años y no de seis como ahora), ocuparon la presidencia de la república veintiún personajes, en cuarenta y tres ocasiones. Uno de ellos, Santa Anna, entre elecciones, invitaciones, entradas y salidas, fue presidente once veces.

En buena medida, ese desorden se debía a que el ejército era muy numeroso y no estaba bien disciplinado. Ocasionaba grandes gastos y los jefes militares se levantaban en armas en cuanto se sentían descontentos. Los sucesivos gobiernos eran siempre débiles e inestables.

Los conservadores pensaron que hacía falta cambiar la Constitución, y en 1837 promulgaron otra, llamada las Siete Leyes. Esa Constitución establecía el gobierno republicano central. Los estados dejaban de tener su propio gobierno y pasaban a ser departamentos, con un gobernador nombrado por el gobierno nacional. Este cambio provocó malestar en algunas regiones del país.

La independencia de Texas y la Guerra de los Pasteles

Cuando Iturbide era emperador, algunos norteamericanos obtuvieron permiso para vivir en Texas, que formaba parte de Méxi-co. Con el tiempo, los colonos extranjeros llegaron a ser más que los mexicanos. Tenían costumbres diferentes, hablaban inglés y no querían vivir sujetos a las leyes ni a los impuestos de México. Muchos de ellos fueron siempre partidarios de separarse de México, y en 1835 se declararon independientes.

Santa Anna marchó al norte para someterlos. Su ejército llegó en malas condiciones, tras cruzar las zonas desérticas del norte del país, pero en las primeras batallas resultó victorioso. Sin embargo, mientras acampaba a orillas del río San Jacinto, los texanos lo sorprendieron y lo tomaron prisionero. La guerra podría haber continuado, aunque él estuviera preso, pero para recobrar la libertad hizo un pacto con el jefe de los texanos, y ordenó a su segundo que se retirara con el ejército. Vicente Filisola obedeció, pese a la oposición de otros generales, y Santa Anna reconoció la independencia de Texas.

Otro problema surgió: Francia reclamó el pago de daños ocasionados a ciudadanos franceses durante las revueltas ocurridas en México. Muchas de las deudas que se querían cobrar eran exageradas; por ejemplo, un pastelero francés de Puebla reclamaba los pasteles perdidos en un motín.

México quería pagar, pero no tenía dinero. Entonces los franceses cañonearon Veracruz, en 1838. En estos combates Santa Anna fue herido

Santa Anna. Pintura anónima del siglo XIX.

▼ 1833

• Fundación de la Sociedad Méxicana de Geografía y Estadística
··· • Antonio López de Santa Anna, presidente
• Valentín Gómez Farías promulga ········· las primeras Leyes de Reforma

Juan Escutia, pintado por Santiago Hernández y Ayllón, 1850.

y perdió una pierna. No había dinero para pagar, ni para organizar la defensa, por lo que México tuvo que solicitar nuevos préstamos y pagó a Francia una cantidad injusta y exagerada.

La guerra con los Estados Unidos

La situación del país era cada vez peor. Poca gente pagaba impuestos y el gobierno no podía cubrir los gastos de la administración. Las deudas, los pleitos entre los propios mexicanos y la inseguridad aumentaban. Las epidemias azotaban a la población. Faltaban médicos y la insalubridad era día a día mayor, así que se incrementaban las enfermedades. En el norte, algunas tribus indígenas no habían sido nunca totalmente sometidas y asaltaban los poblados; en Yucatán los mayas se rebelaron contra los ha-

bitantes de las ciudades, por causa de las injusticias que se cometían contra ellos.

Como casi todos los pobladores de Texas eran de origen norteamericano, en 1845 este territorio decidió unirse a los Estados Unidos.

La unión de Texas a los Estados Unidos y la ambición de ese país de apoderarse de territorio mexicano provocaron la guerra con los Estados Unidos. El límite de Texas era el río Nueces, pero al unirse a los Estados Unidos los texanos dijeron que su frontera llegaba hasta el río Bravo (o Grande), más al sur. México protestó, pero los estadunidenses ocuparon el territorio entre los dos ríos. Hubo enfrentamientos entre soldados mexicanos y norteamericanos, y con ese pretexto los Estados Unidos declararon la guerra a México.

Un ejército estadunidense tomó Matamoros y luego Monterrey; otro ocupó Nuevo México y California. Un tercero desembarcó en Veracruz, atravesó ese estado y el de Puebla, y puso sitio a la capital. Los mexicanos no tenían un buen ejército, armas suficientes, ni dinero. Además, seguían divididos: liberales y conservadores luchaban entre ellos, mientras los norteamericanos avanzaban hacia la Ciudad de México.

No hubo victorias para los mexicanos en esta guerra. Pero sí heroísmo y sacrificio. Santa Anna estuvo a punto de lograr el triunfo en la batalla de La Angostura, en febrero de 1847, pero su acostumbrada falta de constancia y de responsabilidad lo hizo fracasar, como sucedería el mes siguiente en Cerro Gordo. Veracruz fue defendido por todos sus habitantes, pero cayó en marzo, tras veinte días de combate.

En la batalla de Churubusco, en agosto, el general Pedro María Anaya finalmente tu-

▼ 1835

▼ 1836

• Texas se declara independiente de México

• Guerra entre México y Texas. Victoria mexicana en El Álamo. Derrota de Santa Anna en San Jacinto
• José María Luis Mora publica *México y sus revoluciones*

Los presidentes de México,
1824-1872

Guadalupe Victoria	oct. 1824	abr. 1829
Vicente Guerrero	abr. 1829	dic. 1829
José María de Bocanegra	dic. 1829	dic. 1829
Anastasio Bustamante	ene. 1830	ago. 1832
Melchor Múzquiz	ago. 1832	dic. 1832
Manuel Gómez Pedraza	dic. 1832	abr. 1833
Valentín Gómez Farías	abr. 1833	may. 1833
Antonio López de Santa Anna	may. 1833	jun. 1833
Valentín Gómez Farías	jun. 1833	jun. 1833
Antonio López de Santa Anna	jun. 1833	jul. 1833
Valentín Gómez Farías	jul. 1833	oct. 1833
Antonio López de Santa Anna	oct. 1833	dic. 1833
Valentín Gómez Farías	dic. 1833	abr. 1834
Antonio López de Santa Anna	abr. 1834	ene. 1835
Miguel Barragán	ene. 1835	feb. 1836
José Justo Corro	feb. 1836	abr. 1837
Anastasio Bustamante	abr. 1837	mar. 1839
Antonio López de Santa Anna	mar. 1839	jul. 1839
Nicolás Bravo	jul. 1839	jul. 1839
Anastasio Bustamante	jul. 1839	sep. 1841
Javier Echeverría	sep. 1841	oct. 1841
Antonio López de Santa Anna	oct. 1841	oct. 1842
Nicolás Bravo	oct. 1842	mar. 1843
Antonio López de Santa Anna	mar. 1843	oct. 1843
Valentín Canalizo	oct. 1843	jun. 1844
Antonio López de Santa Anna	jun. 1844	sep. 1844
José Joaquín de Herrera	sep. 1844	sep. 1844
Valentín Canalizo	sep. 1844	dic. 1844
José Joaquín de Herrera	dic. 1844	dic. 1845
Mariano Paredes y Arrillaga	ene. 1846	jul. 1846
Nicolás Bravo	jul. 1846	ago. 1846
José Mariano Salas	ago. 1846	dic. 1846
Valentín Gómez Farías	dic. 1846	mar. 1847
Antonio López de Santa Anna	mar. 1847	abr. 1847
Pedro María Anaya	abr. 1847	may. 1847
Antonio López de Santa Anna	may. 1847	sep. 1847
Manuel de la Peña y Peña	sep. 1847	nov. 1847
Pedro María Anaya	nov. 1847	ene. 1848
Manuel de la Peña y Peña	ene. 1848	jun. 1848
José Joaquín de Herrera	jun. 1848	ene. 1851
Mariano Arista	ene. 1851	ene. 1853
Juan Bautista Ceballos	ene. 1853	feb. 1853
Manuel María Lombardini	feb. 1853	abr. 1853
Antonio López de Santa Anna	abr. 1853	ago. 1855
Martín Carrera	ago. 1855	sep. 1855
Rómulo Díaz de la Vega	sep. 1855	oct. 1855
Juan Álvarez	oct. 1855	dic. 1855
Ignacio Comonfort	dic. 1855	ene. 1858
Benito Juárez	ene. 1858	jul. 1872

Presidentes nombrados por los conservadores:

Félix Zuloaga	ene. 1858	dic. 1858
Manuel Robles Pezuela	dic. 1858	ene. 1859
José Mariano Salas	ene. 1859	feb. 1859
Miguel Miramón	feb. 1859	ago. 1860
José Ignacio Pavón	ago. 1860	ago. 1860
Miguel Miramón	ago. 1860	dic. 1860

En este tiempo gobernaron además dos emperadores: Agustín I, de mayo de 1822 a marzo de 1823, y Maximiliano I, de junio de 1864 a mayo de 1867.

Hubo también varias juntas que se hicieron cargo del gobierno, por periodos en general muy cortos, cuando hubo cambios en el sistema de gobierno. Por ejemplo, al pasar de república a monarquía o viceversa.

Las listas de presidentes de México que aparecen en este libro se prepararon a partir del *Diccionario Porrúa de historia, biografía y geografía de México* y de la *Enciclopedia de México*.

▼ 1837

▼ 1838

- *Siete Leyes*
- México pasa a ser una república central
- El telégrafo, inventado en los Estados Unidos por Samuel Morse

- Guerra de los Pasteles, con Francia
- Ocupación francesa de Veracruz

Conservador y patriota

Lucas Alamán (1792-1853) nació en Guanajuato, Guanajuato. Estudió química, botánica, mineralogía, griego y otras materias. Organizó una compañía de minas, la primera ferrería en el México independiente, un banco de avío (para impulsar la economía mediante préstamos), dos fábricas de hilados y tejidos, la introducción de ciertas especies de cabras y carneros, escuelas de artes y de agricultura. También el Archivo General de la Nación y el Museo de Antigüedades e Historia Natural.

Como ministro de Relaciones del presidente Anastasio Bustamante, fijó los límites entre México y Estados Unidos, y logró que los norteamericanos aceptaran que los esclavos fugados de su país fueran considerados libres al pisar el territorio mexicano. Como ministro de Relaciones Exteriores en el último gobierno de Santa Anna, defendió con energía los derechos de México. Su mayor preocupación, lo mismo en sus diferentes cargos públicos que en sus empresas privadas, fue impulsar la recuperación económica de México.

Alamán defendió encendidamente las ideas conservadoras. Fue un monárquico convencido y atacó la tolerancia de cultos. También fue un historiador notable, autor de las *Disertaciones sobre la historia de la república mexicana* y de la *Historia de México desde los primeros movimientos que prepararon su independencia en el año 1808 hasta la época presente.*

vo que rendirse. Cuenta la tradición que cuando se le preguntó dónde guardaba las municiones, su respuesta fue: "Si tuviéramos parque, ustedes no estarían aquí".

Las batallas de Molino del Rey y de Chapultepec se libraron del 8 al 13 de septiembre de 1847. En esta última se batieron gloriosamente el general Nicolás Bravo y el coronel Santiago Felipe Xicoténcatl, que murió en la acción. También perdieron la vida seis de los cadetes que estudiaban en el Colegio Militar. Nosotros veneramos la memoria de esa defensa en la figura de los *Niños Héroes:* Juan de la Barrera, Juan Escutia, Francisco Márquez, Agustín Melgar, Fernando Montes de Oca y Vicente Suárez.

Todos los sacrificios, todo el heroísmo del pueblo mexicano fueron inútiles. La toma de la Ciudad de México ocurrió el 14 de septiembre de 1847, y ese día los mexicanos vieron ondear la bandera enemiga en el Palacio Nacional. La ocupación duró nueve meses.

Las consecuencias de la guerra fueron desastrosas. Para terminar la ocupación, México fue obligado a firmar el Tratado de Guadalupe Hidalgo, por el cual perdió Nuevo México, la Alta California, Texas y la parte de Tamaulipas que está entre los ríos Nueces y Bravo. Recibió quince millones de pesos. El país vio reducido su territorio a poco menos de la mitad, pero la guerra hizo que los mexicanos por primera vez sintieran la necesidad de estar unidos.

Los presidentes que siguieron, José Joaquín de Herrera y Mariano Arista, hicieron grandes esfuerzos por reorganizar el gobierno, pero en 1853 volvió al poder Santa Anna y malgobernó al país durante los dos años siguientes.

▼ 1839

• La fotografía, inventada
en Francia por Louis Daguerre

La guerra con los Estados Unidos 1846–1847

Rutas invasoras
Fronteras en 1846
Fronteras actuales
Territorio perdido
Principales batallas
Límites actuales de Texas

San Francisco
Palo Alto
Santa Bárbara
Los Ángeles
San Diego
Santa Fe
Albuquerque
Mesilla
(vendida en 1853)
El Paso
San Antonio Béjar
Nueva Orleans
Río Nueces
Chihuahua
Guaymas
Parras
Monterrey
Angostura
Mazatlán
San José del Cabo
San Blas
Tampico
Tratado de
Guadalupe Hidalgo
Padierna
Churubusco
Molino del Rey
Chapultepec
México
Veracruz
Cerro
Gordo

Batalla de Chapultepec.
Pintura anónima, siglo XIX.

Padierna

En 1847, la falta de disciplina y de unidad entre los mexicanos facilitaron el avance del ejército de los Estados Unidos. El 18 de agosto, el general Gabriel Valencia, que hacía frente al enemigo en el rancho de Padierna, se negó a replegarse a Coyoacán, como lo había ordenado Santa Anna. Al día siguiente se inició el combate. Valencia pidió auxilio a los generales Pérez y Santa Anna. Con la ayuda del primero, consiguió sostenerse. Santa Anna llegó con tres mil hombres, pero en lugar de entrar en batalla, esa noche se retiró hacia San Ángel. El escritor y político Guillermo Prieto (1818-1897) participó en esa acción y aquí nos cuenta los detalles.

El declive de la loma que ocupaba Valencia estaba circundado de *mal país* (pedregal de lava) y hondísima barranca, cuyos bordes, en semicírculo, daban al límite del pueblo de Coyoacán.

Los americanos habían circunvalado la loma, penetrando por el *mal país* y la barranca, hasta tener cómo abrazar nuestro campo. Pero a las alturas de Coyoacán se había mandado como auxilio, pero sin orden de batirse, la brillante división del general Francisco Pérez, que se situó perfectamente para coger entre dos fuegos al enemigo.

Entonces la confianza en el triunfo fue completa, llovieron felicitaciones, se expidieron despachos y se entregaron a los más increíbles delirios los hombres de aquella benemérita división.

Pero cayó la noche, se suspendió toda correspondencia entre las filas del general Santa Anna y las nuestras. En la oscuridad se sentían los avances del enemigo, del lado que nos creíamos protegidos. El general Valencia mandó exploradores, los que volvieron diciendo que las fuerzas del general Santa Anna se habían retirado, dejando abandonados los puntos más importantes y quedando nuestras posiciones encerradas y sin salida, a discreción del enemigo.

Valencia conoció lo comprometido de tal situación y nos comisionó, a don Luis Arrieta y a mí para que fuésemos a San Ángel a hacer presente al señor Santa Anna nuestra posición.

El señor Santa Anna se encontraba en San Ángel en la casa del general Mora y allí acudían en tropel políticos,

▼ **1844**

soldados, jefes, agiotistas, arrieros, etc., atropellados por correos que entraban a caballo hasta el patio, en que se apiñaban mujeres, ordenanzas, chimoleras y gentes de la servidumbre. Era el patio un laberinto de piernas, tablas, canastos y estorbos de esos que se escapan al inventario más perspicaz.

El general, rodeado de sus favoritos, daba sus órdenes junto de una mesita redonda alumbrada por un quinqué y rodeada de escribientes.

Penetramos a la estancia Arrieta y yo, y Arrieta, que era muy pulcro y bien hablado, le expuso la situación que guardaba el general Valencia.

—No me diga usted —contestó Santa Anna—, ése es un ambicioso insubordinado que lo que merece es que lo fusilen...

—Señor —dijo Arrieta—, Vuestra Excelencia hará lo que crea justo; pero ese ejército no puede sacrificarse.

—Usted no debe darme lecciones —replicó Santa Anna—. ¡Estamos! No vaya yo a empezar mis escarmientos por ustedes... ¡Auxilio!, ¿y exponer yo mis tropas a la lluvia, al desvelo, por un...? (aquí no es posible repetir las palabras que saltaron de los labios de Su Alteza).

—Es que aquellos soldados no están bajo de techo... ni divirtiéndose —observé yo.

—¡Eh, silencio! Lárguense de aquí. Fuera, malditos...

Y nos salimos, llenos de rabia y de dolor. La noche estaba oscurísima, llovía tupido, constantes relámpagos alumbraban la serranía y se reflejaban en las corrientes que descendían de las lomas.

Después de una penosísima travesía llegamos al campo... ni una avanzada, ni un rumor; parecía un desierto... la tiniebla espesísima, las fogatas apagadas, el ruido de la lluvia percibiéndose en las hojas y ramas de los árboles que aparecían y desaparecían como fantasmas con los relámpagos.

Llegamos a la tienda del general, quien nos recibió en la puerta.

—¿Qué dice Santa Anna? —le preguntó a Arrieta. Éste, en buenas palabras, le dio cuenta de nuestra comisión.

Entonces, como una explosión, desencajado, loco, perdido en tempestades de ira, gritaba Valencia:

—¡Traidor! Nos han vendido, nos entregan para que nos despedacen y acaben con la patria...

A esos gritos, en la negra sombra surgían como figuras, grupos que se sospechaban. Al relampaguear se veían soldados huyendo en varias direcciones, se oían como aullidos de mujeres, estallaban truenos de fusil y de pistola, corrían caballos sueltos desbarrancándose en la ladera... Realmente, la derrota estaba consumada en aquel momento.

▼ **1845**

▼ **1846**

• Anexión de Texas a los Estados Unidos
• Se termina el Hospicio Cabañas en Guadalajara

• Mariano Paredes Arrillaga, presidente
• Guerra con los Estados Unidos
• Primera operación con anestesia, en los Estados Unidos, por William Morton

El siglo XIX

La Reforma

LECCIÓN 4

A mediados del siglo XIX existían en México dos partidos políticos: el conservador y el liberal. Los dos querían mejorar la situación, pero no estaban de acuerdo en la forma de conseguir lo que el país necesitaba.

Entre los conservadores había muchos que poseían tierras o formaban parte del ejército o de la Iglesia. Pensaban que el país había perdido la mitad de su territorio y vivía en desorden porque no tenía un gobierno fuerte. Les parecía que el gobierno republicano podía ser bueno para otros países, pero no para México. Algunos consideraban que México debía ser una monarquía, y que hacía falta traer un rey de Europa. Vivían con los ojos puestos en el antiguo orden español y creían que no hacían falta las elecciones populares.

Los liberales por lo común eran profesionistas, de recursos más bien modestos. Estaban convencidos de que el gobierno republicano era el más adecuado y pensaban que hacían falta reformas. Proponían que, como sucedía en los países

Benito Juárez.
Pintado por Pelegrín Clavé, hacia 1860.

más adelantados, la Iglesia se mantuviera fuera de los asuntos del gobierno. Que la educación, el registro de los nacimientos, bodas y muertes, los hospitales y cementerios ya no estuvieran en manos de la Iglesia, sino que pasaran al gobierno.

También pensaban que hacía falta vender las propiedades de la Iglesia, que eran muchísimas para poner esos bienes en manos de gente que los hiciera producir más. Querían apartarse de la tradición española, proclamaban que cada quien practicara la religión que quisiera y tenían como modelo económico y político a los Estados Unidos. Estaban convencidos de que la industria y el comercio eran los pilares de la riqueza del país, y que los ciudadanos debían trabajar libremente, sin que el gobierno participara de manera directa en las actividades económicas.

De 1833 a 1855, Antonio López de Santa Anna participó constantemente en la política. Intervino en muchos de los golpes militares, luchas internas y tropiezos económicos que vivió Méxi-

▼ 1847

▼ 1848

• Antonio López de Santa Anna, presidente
• Batallas de La Angostura, Cerro Gordo, Padierna, Churubusco, Molino del Rey y Chapultepec
• Toma de la Ciudad de México
• Guerra de Castas en Yucatán

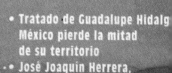

• Tratado de Guadalupe Hidalgo México pierde la mitad de su territorio
• José Joaquín Herrera, presidente

La fuerza del derecho

Benito Juárez nació en San Pablo Guelatao, Oaxaca, en 1806. A los trece años fue a la capital de su estado, para estudiar. Cuando tenía veintiocho se recibió como abogado en el Instituto de Ciencias y Artes de Oaxaca.

Fue regidor del Ayuntamiento de Oaxaca y luego diputado por su estado. En 1843 se casó con Margarita Maza, hija adoptiva de sus antiguos patronos. Margarita compartió con entusiasmo e inteligencia las dificultades de la lucha política; a veces tuvo que atender por su cuenta el sustento de los hijos, y sufrió, al igual que su marido, persecuciones y destierros. En 1847 Juárez llegó a ser gobernador de Oaxaca. Al terminar su mandato, en 1852, fue nombrado director del Instituto de Ciencias y Artes.

Desterrado por sus ideas liberales, Juárez regresó al país en 1855, cuando Juan Álvarez sustituyó definitivamente a Santa Anna como presidente de la república; entonces él fue nombrado ministro de Justicia. Volvió a ser gobernador de Oaxaca y luego ministro de Gobernación. En 1858, al dejar la presidencia Ignacio Comonfort, Juárez pasó por ley a ocupar su lugar, pues era presidente de la Suprema Corte de Justicia. Electo después en tres ocasiones, ocupó la presidencia hasta su muerte, ocurrida en 1872.

El carácter de Juárez y de sus colaboradores fue puesto a prueba muchas veces. La Guerra de Reforma, la intervención francesa y una sucesión de revueltas de los conservadores obligaron a Juárez a luchar y a viajar constantemente por el país, para mantener en pie el gobierno constitucional.

El apego de Juárez a las leyes mexicanas y a los principios de la Reforma, su serenidad, su firmeza, lo hacen ejemplar.

Respeto al derecho

Con motivo del triunfo de la república sobre la intervención francesa, el 15 de julio de 1867 Benito Juárez expidió un Manifiesto a la Nación del que proceden estas palabras:

Mexicanos: Encaminemos ahora todos nuestros esfuerzos a obtener y a consolidar los beneficios de la paz. Bajo sus auspicios, será eficaz la protección de las leyes y de las autoridades para los derechos de todos los habitantes de la república.

Que el pueblo y el gobierno respeten los derechos de todos. Entre los individuos, como entre las naciones, el respeto al derecho ajeno es la paz.

▼ 1849

▼ 1850

• Lucas Alamán escribe
Historia de México

• Fundación del
Liceo Hidalgo
(grupo de escritores)

El primer telégrafo

Según lo publicó la revista El Mundo Ilustrado. *El Palacio Nacional y la Escuela de Minería, en el centro de la Ciudad de México, están separados por más o menos un kilómetro:*

Después del ensayo de luz eléctrica, hecho el 2 de noviembre de 1850, el 13 del mismo mes se usó, por primera vez, con éxito lisonjero, el telégrafo, entre el Palacio Nacional y la Escuela de Minería.

Se anunció el acontecimiento de la siguiente manera:

"Telégrafo electromagnético. Los abajo firmados tenemos el honor de anunciar que hoy han quedado removidos todos los obstáculos que se habían opuesto a la comunicación de la electricidad entre el Palacio Nacional y la Escuela de Minería. De este modo, nuestras ansias han cesado, las dificultades quedan superadas y cumplidos nuestros deseos.

"Ahora sólo resta que nuestros protectores, nuestros amigos y todos los amantes de las ciencias y de las artes, cuyo anhelo debe ser el ver establecidos en el país semejantes adelantos, se satisfagan por sus propios ojos de lo maravilloso de esta invención. Con este fin, desde hoy miércoles, entre dos y cuatro de la tarde, tendremos en acción por algunos días las máquinas telegráficas, las cuales se comunicarán recíprocamente entre el Palacio y la Escuela de Minería, a cuyos dos puntos suplicamos la asistencia del público ilustrado para gozar de tan sorprendente espectáculo."

co. Santa Anna era vanidoso, juerguista, inconstante; pero al mismo tiempo era astuto, capaz de organizar ejércitos con poco dinero y valiente en el combate. Nunca fue un buen gobernante, pero sabía dominar la situación y hacerse querer de la gente. Lo mismo los liberales que los conservadores, muchas veces lo buscaron para que se hiciera cargo de la presidencia del país.

La última ocasión en que sucedió esto fue en 1853. Con el propósito de acabar con el desorden, los conservadores formaron un gobierno centralista, y para encabezarlo trajeron del destierro a Santa Anna. El militar, que tenía entonces sesenta y tres años, fue recibido en la Ciudad de México con flores, campanas al vuelo, poemas y balcones adornados.

Pese a tantas manifestaciones públicas de alegría, el gobierno de Santa Anna se convirtió en una dictadura; el presidente suprimió los derechos y las libertades individuales, e impuso su voluntad personal. Vendió a los Estados Unidos el territorio de La Mesilla, cobró impuestos sobre coches, ventanas y perros, se dedicó a asistir a bailes y peleas de gallos y, finalmente, hizo que lo llamaran *Alteza Serenísima*. Con todo eso, el descontento se generalizó.

En 1854 un antiguo insurgente, Juan Álvarez, se levantó contra Santa Anna y proclamó el Plan de Ayutla. Éste exigía que Santa Anna dejara el poder y que se convocara un nuevo Congreso para que elaborara una constitución. La revolución de Ayutla, como se llamó a este movimiento, se extendió rápidamente. El dictador salió de México y desapareció del escenario político. Regresaría después de la muerte de Benito Juárez (1872), para morir en su país, en 1876.

▼ 1851

▼ 1852

• Mariano Arista, presidente

• Primera línea de telégrafo, México-Veracruz
• Plan del Hospicio, en Guadalajara, en favor de Santa Anna

Los liberales en el poder

Con el triunfo de la revolución de Ayutla, llegó al
poder una nueva genera-
ción de liberales, casi todos civiles. Entre ellos,
Benito Juárez, Melchor
Ocampo, Ignacio Ramí-
rez, Miguel Lerdo de Te-
jada y Guillermo Prieto.
Una junta nombró presi-
dente interino al general
Juan Álvarez y después a
Ignacio Comonfort. Tam-
bién convocó a un Con-
greso que trabajaría en
una nueva constitución.

Más que el propio
Comonfort, sus colabo-
radores inmediatos pre-
pararon algunas leyes
que promovieron cam-
bios importantes.

La Ley Juárez (por Be-
nito Juárez), de 1855, su-
primía los privilegios del
clero y del ejército, y declaraba a todos los
ciudadanos iguales ante la ley.

La Ley Lerdo (por Miguel Lerdo de Tejada), de 1856, obligaba a las corporaciones
civiles y eclesiásticas a vender las casas y terrenos que no estuvieran ocupando a quienes los arrendaban, para que esos bienes
produjeran mayores riquezas, en beneficio
de más personas.

La Ley Iglesias (por José María Iglesias),
de 1857, regulaba el cobro de derechos pa-
rroquiales.

La Constitución de 1857.
Pintura alegórica de Petronilo Monroy,
siglo XIX.

La Constitución de 1857

Las discusiones y las vota-
ciones fueron prolonga-
das. En ellas tomaron la
delantera los liberales
moderados frente a los liberales más radicales
(que llevaban sus ideas
hasta las últimas conse-
cuencias), que se llama-
ron a sí mismos *liberales
puros*. Finalmente el Congreso promulgó la nueva
Constitución el 5 de fe-
brero de 1857.

Ésta declaraba la li-
bertad de enseñanza, de
imprenta, de industria, de
comercio, de trabajo y de
asociación. Volvía a organizar el país como una república federal. Entre
otras cosas, incluía un ca-
pítulo dedicado a las ga-
rantías individuales, y un
procedimiento judicial
para proteger esos derechos, conocido como *amparo*. También apoyaba la autonomía
de los municipios, en que se dividen los estados desde un punto de vista político.

Las ideas liberales moderadas conteni-
das en la Constitución del 57 provocaron
que los conservadores, dirigidos por el general Félix María Zuloaga, se levantaran en
armas. Presionado por los conservadores,
el presidente constitucional, Ignacio Comonfort, desconoció la constitución y después intentó negociar con los sublevados,

• Santa Anna vende
La Mesilla a los
Estados Unidos

• Plan de Ayutla,
contra Santa Anna
• *Himno Nacional.* Letra de
Francisco González Bocanegra;
música de Jaime Nunó.

pero finalmente renunció a la presidencia y salió del país.

Las Leyes de Reforma

De acuerdo con la Constitución, al faltar el presidente de la república, el presidente de la Suprema Corte de Justicia, que era Benito Juárez, asumió la presidencia del país. Pero los conservadores, por su cuenta, nombraron como presidente a Zuloaga y se apoderaron de la capital. Esto provocó que hubiera dos presidentes, y que estallara la Guerra de Tres Años (1858–1861), o Guerra de Reforma, entre liberales y conservadores.

Al principio las victorias fueron de los conservadores. Juárez tuvo que trasladar su gobierno a Guanajuato y a Guadalajara. En esta ciudad estuvo a punto de morir. Le salvó la vida Guillermo Prieto, que se interpuso ante los fusiles que los amenazaban y gritó: "¡Levanten las armas! Los valientes no asesinan". Luego siguió hablando hasta que convenció a los soldados que querían fusilarlos de que respetaran sus vidas. Juárez salió del país por Manzanillo, pasó por Panamá para ir a La Habana y Nueva Orleáns, regresó por Veracruz y allí instaló su gobierno y promulgó las Leyes de Reforma. Su propósito esencial fue separar la Iglesia y el Estado. En adelante, la Iglesia no debería tomar parte en los asuntos del Estado.

En el *Movimiento de Reforma* debemos distinguir cuatro etapas: 1) Como antecedente, La reforma de Valentín Gómez Farías, de 1833 2) La segunda reforma, que consta de las leyes Lerdo, Juárez e Iglesias. 3) La Constitución de 1857, en que triunfa-

ron los liberales moderados. 4) Las Leyes de guerra o de Reforma, de contenido radical.

Estas últimas comprenden las siguientes: Nacionalización de Bienes Eclesiásticos (1859), Matrimonio Civil (1859), Registro Civil (1859), Secularización de Cementerios (1859), Días Festivos (1859), Libertad de Cultos (1860), Hospitales y Beneficencia (1861) y Extinción de Comunidades Religiosas (1863).

En enero de 1861, después de que Jesús González Ortega derrotó en Calpulalpan al ejército conservador de Miguel Miramón, el presidente Juárez retornó victorioso a la Ciudad de México.

La intervención francesa

La victoria de los liberales fue difícil. Los conservadores no se resignaron a la derrota y emprendieron una guerra de guerrillas. Los problemas económicos del país eran tan grandes que en 1862 Juárez se vio obligado a decretar que durante dos años México dejaría de pagar las deudas que tenía con España, Francia e Inglaterra.

Una parte de la deuda se debía a préstamos solicitados desde tiempo atrás por los diversos gobiernos de México. Lo mismo liberales que conservadores. Otra parte era por reclamaciones de extranjeros residentes en México cuyas propiedades habían sufrido daños durante las revoluciones. Francia, España e Inglaterra enviaron sus flotas de guerra a ocupar Veracruz, para exigir el pago.

En ese tiempo Veracruz era un lugar malsano, donde abundaban las enfermedades. Por ello, el gobierno de Juárez permitió que los soldados extranjeros se instalaran en Córdoba, Orizaba y Tehuacán mien-

▼ 1855

• Juan Álvarez, presidente

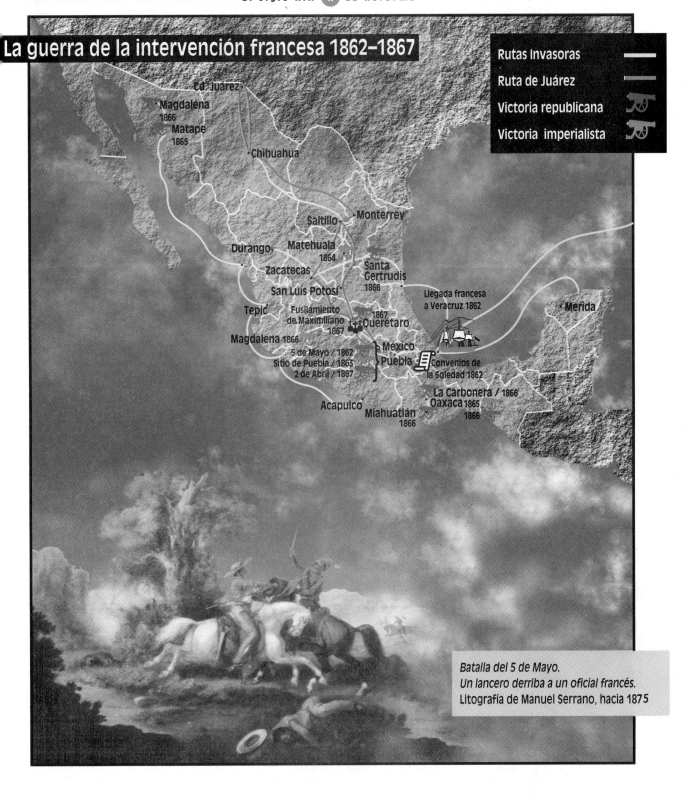

La guerra de la intervención francesa 1862–1867

Rutas Invasoras
Ruta de Juárez
Victoria republicana
Victoria imperialista

Cd. Juárez
Magdalena 1866
Matape 1865
Chihuahua
Saltillo · Monterrey
Durango · Matehuala 1864
Zacatecas · Santa Gertrudis 1866
San Luis Potosí
Tepic
Fusilamiento de Maximiliano 1867
Magdalena 1866
5 de Mayo / 1862
Sitio de Puebla / 1863
2 de Abril / 1867
Querétaro 1867
México
Puebla
Llegada francesa a Veracruz 1862
Convenios de la Soledad 1862
Mérida
Acapulco
Miahuatlán 1866
La Carbonera / 1866
Oaxaca 1865 1866

Batalla del 5 de Mayo.
Un lancero derriba a un oficial francés.
Litografía de Manuel Serrano, hacia 1875

▼ 1857

▼ 1858

• 5 de febrero, Constitución de 1857. México vuelve a ser una república federal
• Plan de Tacubaya, contra la Constitución de 1857

• Benito Juárez, presidente constitucional
• Félix María Zuloaga, presidente de los conservadores
• Se inicia la Guerra de Reforma o de Tres Años

tras se discutía el problema, con el compromiso de retirarse en cuanto se llegara a un acuerdo. Los ingleses y los españoles vieron que Juárez garantizaba que México pagaría tan pronto como fuera posible, y se marcharon.

En cambio los franceses no cumplieron con lo pactado. El emperador Napoleón III quería formar un gran imperio que se extendiera por América. Así que aprovecharon la ventaja de hallarse en Orizaba, y avanzaron hacia la Ciudad de México con un ejercito numeroso y bien disciplinado, al que se sumaron las tropas conservadoras que quedaban. Aquellos conservadores que habían creído siempre que México debía ser una monarquía, veían en esta intervención la oportunidad de derrotar a los liberales y suprimir la república.

El 5 de mayo de 1862 el general francés Conde de Lorencez atacó la ciudad de Puebla, que defendía el general Ignacio Zaragoza. Puebla estaba protegida por los fuertes de Loreto y Guadalupe. Los franceses atacaron con fuerza, pero tres veces los mexicanos resistieron el ataque y finalmente vencieron a los invasores; en parte, gracias al valor y a la

Escenas de la batalla del 5 de mayo de 1862. Pintura de Patricio Ramos, siglo XIX.

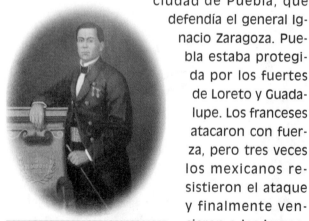

General Ignacio Zaragoza. Retrato anónimo, hacia 1862.

resistencia de los indios de Zacapoaxtla, que peleaban en el ejército mexicano.

"Las armas nacionales se han cubierto de gloria", informó por telégrafo el general Zaragoza al ministro de Guerra del presidente Juárez.

Sin embargo, siguieron llegando a Veracruz tropas francesas, hasta completar treinta mil hombres. En marzo del año siguiente, el ejército francés, más numeroso y mejor entrenado y equipado que el mexicano, volvió a atacar Puebla. Las tropas mexicanas estaban ahora dirigidas por Jesús González Ortega, pues Zaragoza había muerto.

La ciudad resistió heroicamente durante más de dos meses, hasta que las municiones y los alimentos se agotaron. Los franceses entraron a Puebla el 19 de mayo, en medio de la alegría de los conservadores. En junio tomaron la Ciudad de México, mientras el presidente Juárez se retiraba, con el gobierno legítimo, a San Luis Potosí.

▼ 1859

▼ 1860

• Leyes de Reforma
• Charles Darwin publica en Inglaterra
  El origen de las especies

• Victoria de lo liberales en Calpulalpan

El imperio de Maximiliano

Juárez luchó por la soberanía nacional, por sostener el gobierno electo de acuerdo con las leyes mexicanas. Sin dinero y con pocas armas, viajando de un lugar a otro hasta instalarse en Paso del Norte (hoy Ciudad Juárez), el gobierno de Juárez mantuvo una larga lucha contra la intervención extranjera. Desde donde se encontrara, Juárez iba dirigiendo los movimientos de los ejércitos nacionales, que comandaban Mariano Escobedo, Ramón Corona y Porfirio Díaz, y que mantuvieron una resistencia heroica y tenaz

Los conservadores mexicanos consiguieron que el emperador de Francia, Napoleón III, que como dijimos quería formar un gran imperio y frenar el crecimiento de los Estados Unidos, se interesara en imponer como gobernante de México a un príncipe europeo.

El escogido fue el archiduque Fernando Maximiliano de Habsburgo, quien creyó a los conservadores, que lo convencieron de que sería bien recibido, y aceptó la corona. Llegó a México en 1864, con su esposa la princesa belga Carlota Amalia; su gobierno duraría tres años. Era un hombre culto, de ideas liberales. Esto le hizo perder la simpatía de la Iglesia y algunos apoyos entre los conservadores.

La mayoría de los mexicanos defendieron la soberanía de su país y respaldaron a Juárez, que representaba el gobierno nacional. Cuando Napoleón III entró en guerra en Europa retiró de México sus tropas, gracias a las cuales Maximiliano se había sostenido; para los liberales fue entonces más fácil derrotar a los invasores. Porfirio Díaz tomó Puebla. Ramón Corona y Mariano Escobedo sitiaron a Maximiliano en Querétaro. El emperador se rindió y en junio de 1867 fue fusilado junto con sus generales mexicanos, Tomás Mejía y Miguel Miramón. Desde entonces, nadie ha vuelto a proponer un gobierno monárquico para México.

Maximiliano.
Retratado por Velarde,
hacia 1866.

▼ **1861**

▼ **1862**

- Benito Juárez entra triunfante a la Ciudad de México
- Suspensión del pago de las deudas extranjeras
- España, Inglaterra y Francia envían tropas a México
- 1861-1865 Guerra de Secesión en los Estados Unidos

- Convenios de La Soledad: Inglaterra y España se retiran
- Intervención francesa en México
- 5 de mayo, Batalla de Puebla

La sociedad mexicana

En los primeros años de vida independiente, la sociedad siguió siendo más o menos como era en la época colonial; las costumbres y el aspecto de las poblaciones cambiaron poco. Una vez que se logró la independencia, los extranjeros comenzaron a entrar con mayor libertad a México. Llegaron algunos comerciantes y mineros que empezaron a influir con sus costumbres en la vida de las ciudades; comenzaron a cambiar las modas y los gustos. Numerosos viajeros, sobre todo europeos, recorrieron el país y dejaron en sus escritos y en sus pinturas testimonio de cómo era entonces nuestra patria.

Las ciudades eran pequeñas y casi toda la gente vivía en el campo. La rutina del trabajo se rompía con las numerosas fiestas religiosas, y con las nuevas fiestas cívicas, que celebraban a los héroes de la independencia. De vez en cuando llegaba alguna compañía de circo norteamericana, o alguna de teatro y aun de ópera europea; el pueblo iba a las corridas de toros, los jaripeos y las peleas de gallos; pero había distracciones nuevas, como los magos y los aeronautas que se elevaban por los aires en sus globos y llenaban de admiración a la gente.

La vida era en principio tranquila. Sin embargo, los levantamientos contra los distintos gobiernos ("la bola", los llamaba la gente), las guerras, los bandoleros y las epidemias alteraban la paz.

Hacia mediados del siglo, las nuevas condiciones de mayor

Carlota. Pintura de Santiago Rebull, hacia 1866.

igualdad y libertad habían empezado a provocar cambios en la sociedad mexicana. Las costumbres, modas, educación y aspiraciones de la gente empezaban a modernizarse. Sin embargo en ese tiempo sólo uno de cada diez mexicanos sabía leer y escribir.

Después de la independencia, y más aún de la guerra con los Estados Unidos, hubo gran interés en la historia y en estudiar la manera de ser de los mexicanos. Se rescataron del olvido y se publicaron obras importantísimas, como la *Historia general de las cosas de la Nueva España*, de fray Bernardino de Sahagún. La educación se convirtió en el instrumento más importante para afirmar el nacionalismo y se fundaron institutos, escuelas y revistas como *El Renacimiento*, de Ignacio Manuel Altamirano. La herencia indígena y la española se afirmaron como los cimientos del pueblo mexicano.

Los artistas y los estudiosos se empeñaron en crear una cultura nacional que glorificaba la patria, la familia, los paisajes y las costumbres de México; el heroísmo y, sobre todo, la libertad. Se veneraba a los héroes mexicas y a los frailes misioneros. En 1854 se compuso el Himno Nacional, con letra de Francisco González Bocanegra y música de Jaime Nunó. Destacaron escritores como Luis G. Inclán, Guillermo Prieto, Manuel Payno e Ignacio Manuel Altamirano, que hicieron posible que los mexicanos fueran encontrando un estilo propio para expresarse.

▼ 1864

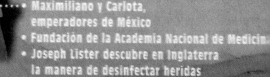

Maximiliano y Carlota, emperadores de México
• Fundación de la Academia Nacional de Medicin
• Joseph Lister descubre en Inglaterra la manera de desinfectar heridas

Libertad de cultos

El 4 de diciembre de 1860, en Veracruz, donde había instalado el gobierno nacional, Benito Juárez promulgó la Ley sobre Libertad de Cultos. Sus primeros cuatro artículos son los siguientes:

Art. 1. Las leyes protegen el ejercicio del culto católico y de los demás que se establezcan en el país, como la expresión y efecto de la libertad religiosa, que siendo un derecho natural del hombre, no tiene ni puede tener más límites que el derecho de terceros y las exigencias del orden público. En todo lo demás, la independencia entre el Estado por una parte, y las creencias y prácticas religiosas por otra, es y será perfecta e inviolable.

Art. 2. Una iglesia o sociedad religiosa se forma de los hombres que voluntariamente hayan querido ser miembros de ella, manifestando esta resolución por sí mismos o por medio de sus padres o tutores de quienes dependan.

Art. 3. Cada una de estas sociedades tiene libertad de arreglar por sí o por medio de sus sacerdotes, las creencias y prácticas del culto que profesa, y de fijar las condiciones con que admita los hombres a su gremio o los separe de sí, con tal que no se incida en falta alguna o delito de los prohibidos por las leyes, en cuyo caso tendrá lugar y cumplido efecto el procedimiento y decisión que ellas prescribieren.

Art. 4. La autoridad de estas sociedades religiosas y sacerdotes suyos, será pura y absolutamente espiritual, sin coacción alguna de otra clase, ya se ejerza sobre los hombres fieles a las doctrinas, consejos y preceptos de un culto, ya sobre los que habiendo aceptado estas cosas, cambiaren luego de disposición.

▼ 1865

▼ 1866

- Juárez en Paso del Norte (hoy Ciudad Juárez)
- Luis G. Inclán publica su novela *Astucia*
- El austriaco Gregor Mendel descubre las leyes de la herencia biológica

- Las tropas francesas se retiran de México

Juárez cuenta cómo llegó a la escuela

En 21 de marzo de 1806 nací en el pueblo de San Pablo Guelatao, en el estado de Oaxaca. Tuve la desgracia de no haber conocido a mis padres, indios de la raza primitiva del país, porque apenas tenía yo tres años cuando murieron, habiendo quedado con mis hermanas al cuidado de nuestros abuelos paternos, indios también de la nación zapoteca. A los pocos años murieron mis abuelos y yo quedé bajo la tutela de mi tío Bernardino Juárez.

Como mis padres no me dejaron ningún patrimonio y mi tío vivía de su trabajo personal, luego que tuve uso de razón me dediqué hasta donde mi tierna edad me lo permitía a las labores del campo. En algunos ratos desocupados mi tío me enseñaba a leer, me manifestaba lo útil y conveniente que era saber el idioma castellano. Y como entonces era sumamente difícil para la gente pobre, y muy especialmente para la clase indígena adoptar otra carrera que no fuese la eclesiástica, me indicaba sus deseos de que yo estudiase para ordenarme.

Estas indicaciones despertaron en mí un deseo vehemente de aprender, pero las ocupaciones de mi tío y mi dedicación al trabajo diario del campo contrariaban mis deseos y muy poco o nada adelantaba en mis lecciones. Además, en un pueblo corto, como el mío, que apenas contaba con veinte familias, no había escuela. Ni siquiera se hablaba la lengua española, por lo que los padres de familia que podían costear la educación de sus hijos los llevaban a la ciudad de Oaxaca, y los que no tenían la posibilidad de pagar la pensión correspondiente los llevaban a servir en las casas particulares a condición de que los enseñasen a leer y escribir.

Entonces me formé la creencia de que sólo yendo a la ciudad podría aprender, y muchas veces le pedí a mi tío que me llevase a la capital. Pero, sea por el cariño que me tenía o por cualquier otro motivo, no se resolvía

▼ 1867

▼ 1868

• Los republicanos toman Puebla y Querétaro
• Fusilamiento de Maximiliano, Mejía y Miramón
• Ignacio Ramírez publica el periódico *El Correo de México*
• Instalación del Observatorio Astronómico Nacional

• Gabino Barreda, director de la Escuela Nacional Preparatoria
• Ignacio Manuel Altamirano publica la novela *Clemencia*

y sólo me daba esperanzas de que alguna vez me llevaría.

Por otra parte, yo también tenía repugnancia de separarme de su lado. Era cruel la lucha que existía entre estos sentimientos y mi deseo de ir a otra sociedad, nueva y desconocida para mí, para procurarme mi educación. Sin embargo, el deseo fue superior al sentimiento y el día 17 de diciembre de 1818, a los doce años de mi edad, me fugué de mi casa y marché a pie a la ciudad de Oaxaca a donde llegué la noche del mismo día, alojándome en la casa de don Antonio Maza en que mi hermana María Josefa servía de cocinera.

En los primeros días me dediqué a trabajar en el cuidado de la granja ganando dos reales diarios para mi subsistencia, mientras encontraba una casa en que servir. Vivía entonces en la ciudad un hombre piadoso y muy honrado que ejercía el oficio de encuadernador y empastador de libros. Vestía el hábito de la orden tercera de San Francisco, y aunque muy dedicado a la devoción y a las prácticas religiosas, era bastante amigo de la educación de la juventud. Este hombre se llamaba don Antonio Salanueva, quien me recibió en su casa ofreciéndome mandar a la escuela para que aprendiese a leer y escribir. De este modo quedé establecido en Oaxaca en 7 de enero de 1819.

Pensamiento de Juárez

El hombre que carece de lo preciso para alimentar a su familia, ve la instrucción de sus hijos como un bien remoto, o como un obstáculo para conseguir el sustento. En vez de destinarlos a la escuela, se sirve de ellos para el cuidado de la casa o para alquilar su débil trabajo personal, con que poder aliviar un tanto el peso de la miseria que lo agobia. Si ese hombre tuviera algunas comodidades; si su trabajo diario le produjera alguna utilidad, él cuidaría de que sus hijos se educasen y recibiesen una instrucción sólida en cualquiera de los ramos del saber humano. El deseo de saber y de ilustrarse es innato en el corazón del hombre.

El siglo XIX

La consolidación del Estado mexicano

LECCIÓN 5

El 15 de julio de 1867, la capital de México se vistió de fiesta para recibir a Juárez, que retornaba victorioso. Con su triunfo se consolidaba la república, que había sido amenazada y atacada por el imperio de Maximiliano y que la tenacidad del presidente constitucional y de sus colaboradores más cercanos, así como la resistencia del pueblo, habían logrado sostener.

A los diez años siguientes, época en que se afianzó el gobierno republicano, se les llama a veces la República Restaurada aunque, en realidad, la firmeza ejemplar del gobierno de Juárez logró que la república no desapareciera nunca.

Con el triunfo de Juárez y gracias al respeto que su gobierno tuvo por la Constitución y por las Leyes de Reforma, se consolidó el Estado mexicano. Disminuyó el desorden político, y México comenzó a ser una república vigilante de sus leyes.

Juárez y su sucesor en la presidencia, Sebastián Lerdo de Tejada, sabían que el país necesitaba impulsar su economía; rehacer la agricultura, multiplicar la industria, construir ferrocarriles y poblar las tierras no habitadas. Sin embargo, no pudieron realizar estos planes debido a la falta de recursos, las rebeliones de distintos pueblos indígenas que habían sufrido graves despojos de tierras, la inseguridad en los caminos llenos de bandoleros y las sublevaciones de algunos jefes militares.

En esa época se promulgaron leyes que fortalecieron la educación pública, y hubo más escuelas gratuitas que el gobierno sostenía para los niños. En 1873, además, se inauguró la primera línea de ferrocarril, de la Ciudad de México a Veracruz. Fue construida con capital inglés y tardó quince años en terminarse.

La paz porfirista

Juárez ocupó la presidencia desde 1858 hasta su muerte, en 1872. El año anterior Juárez había sido reelecto, y el general Porfirio Díaz se levantó en armas para protestar, pero fue derrotado. Unos meses después, al morir Juárez, de acuerdo con las leyes asumió la presidencia Sebastián Lerdo de Tejada, que era el presidente de la Suprema Corte de Justicia. Cuatro años más tarde, en 1876, cuando Lerdo de Tejada buscó que lo reeligieran, Díaz volvió a rebelarse; esta vez tuvo éxito y tomó el poder.

Cuando se levantó en armas contra Juárez y contra Lerdo de Tejada, Díaz sostenía el principio de la "no reelección"; estaba en contra de que el presidente volviera a ser electo. Pero después él mismo se reeligió

▼ **1871**

• Plan de la Noria, contra Juárez

El Porfiriato 1876–1910

Cables telegráficos submarinos	────
Ferrocarriles más importantes	─ ─ ─
Desarrollos agrícolas	▬
Desarrollos textiles	▭
Grandes obras	●
Petróleo	⛏
Insurrecciones	✴

Cd. Juárez

Cananea 1906

Ferrocarril Central Mexicano México–Cd. Juárez 1884

Galveston

Guerra del Yaqui 1885–1909

Chihuahua

Ferrocarril Nacional Mexicano México–N. Laredo 1888

Tomóchic 1891–1892

Nuevo Laredo

Laguna (Algodón)

Saltillo

Zacatecas

Tampico

(Henequén) Merida

Guanajuato

Presa Necaxa

Veracruz 1879 Río Blanco 1907

Campeche

Guerra de Castas 1898/1905

México Gran Canal

Morelos (Azúcar)

Puebla Aquiles Serdán 1910

Coatzacoalcos

Ferrocarril del Istmo 1894

Ferrocarril del sur 1892

Oaxaca

Salina Cruz

Ferrocarril porfiriano con el Popocatépetl al fondo. 1910.

• Muerte de Benito Juárez
···· • Sebastián Lerdo de Tejada, presidente

• Se inaugura el Ferrocarril Mexicano (México-Veracruz)

muchas veces. Su gobierno fue verdaderamente largo, de 1876 a 1911, con dos interrupciones: una de dos meses, entre 1876 y 1877, en que dejó el poder a Juan N. Méndez, y otra entre 1880 y 1884, cuando gobernó Manuel González.

El pueblo mexicano estaba hastiado del desorden y la guerra, y Díaz se propuso imponer la paz a cualquier costo. México no tenía dinero, ni se lo querían prestar en ningún lado, porque no había pagado sus deudas con puntualidad. Había que atraer capital extranjero, pero nadie invertiría en México si no había estabilidad y paz.

Con mano dura, Porfirio Díaz trató de eliminar las diferencias de opiniones sobre asuntos de política, y se dedicó a mejorar el funcionamiento del gobierno. "Poca política y mucha administración" era el lema de ese tiempo. La paz no fue total, pero Díaz consiguió mantener el orden mediante el uso de la fuerza pública. Policías y soldados persiguieron lo mismo a los bandoleros que todo intento de oposición. Con el orden, aumentó el trabajo y se hizo posible el desarrollo económico, pues el país contaba con recursos y los empresarios podían obtener buenas ganancias.

Sin embargo, a medida que pasó el tiempo fue creciendo el descontento por la miseria en que vivía la mayoría de la gente y porque Díaz tenía demasiado tiempo en el poder. Cada vez fue más difícil mantener el orden. En los últimos años del Porfiriato se vivía en un clima de represión. La fuerza de las armas se utilizó con violencia creciente. De eso dan muestra la torpeza con que se negociaron y la dureza con que se reprimieron las huelgas de Cananea (1906), en Sonora, y de Río Blanco (1907), en Veracruz, así como la manera en que se persiguió a los periodistas que criticaban al régimen y a cualquiera que manifestara una opinión que no fuera la oficial.

Fábrica de hilados y tejidos
Metepec. Atlixco, Puebla. 1910

La prosperidad porfiriana

Durante el largo tiempo en que gobernó Díaz se realizaron obras importantes en varios puertos, y se tendieron 20,000 kilómetros de vías férreas. Las líneas de ferrocarril se trazaron hacia los puertos más importantes y hacia la frontera con los Estados Unidos, para en-

▼ 1875

 • José María Velasco pinta *El Valle de México*
• Se funda la Academia Mexicana de la Lengua

Avenida Juárez en la Ciudad de México, 1910.

troncar con la red ferrocarrilera de aquel país y facilitar el intercambio comercial. Las vías también sirvieron para facilitar la circulación de productos entre distintas regiones de México, y como medio de control político y militar.

Al mismo tiempo, el correo y los telégrafos se extendieron por buena parte del territorio nacional. Se fundaron algunos bancos, se organizaron las finanzas del gobierno, se regularizó el cobro de impuestos, y poco a poco se fueron pagando las deudas. Esto permitió el progreso de la agricultura, el comercio, la minería y la industria: sobre todo la textil, la vidriera, la tabacalera y la cervecera.

La agricultura progresó espectacularmente en Yucatán, en Morelos y en La Laguna, regiones donde se cultivó un solo producto: henequén, caña de azúcar y algodón,

México tuvo un crecimiento económico nunca antes visto. Pero, como poca gente tenía dinero para invertir o podía conseguirlo prestado, el desarrollo favoreció a unos cuantos mexicanos y extranjeros que tenían dinero y podían obtener permisos para explotar los recursos del país. Con esto, la desigualdad entre los muy ricos, que eran muy pocos, y los muy pobres, que eran muchísimos, se fue haciendo cada vez más profunda.

Extensiones enormes de tierras deshabitadas y sin cultivar fueron compradas por unos pocos mexicanos y extranjeros que tenían recursos. Así se agudizó la tendencia a acumular terrenos en manos de unos pocos propietarios; es decir, a la formación de latifundios.

Los indígenas perdieron muchas tierras, y la mayor parte de los habitantes del cam-

▼ 1876

▼ 1877

• Porfirio Díaz lanza el Plan de Tuxtepec
• Porfirio Díaz, presidente provisional
• El teléfono, inventado en los Estados Unidos por Graham Bell

• Porfirio Díaz, presidente constitucional
• Inauguración del Observatorio Meteorológico Nacional
• El fonógrafo, inventado en los Estados Unidos por Thomas Alba Edison

Grabado de José Guadalupe Posada, hacia 1910. En las casas de enganches se conseguían, por la fuerza, trabajadores para el campo.

po tuvieron que ocuparse como peones en las haciendas. Allí había trabajo, pero estaban mal pagados, tenían poca libertad y se veían obligados a gastar el poco dinero que ganaban en las tiendas de raya, que eran de los propios patrones y que vendían todo más caro. Al endeudarse en estas tiendas, los peones tenían que seguir trabajando para el mismo patrón, aunque los tratara mal. En algunas regiones, como la península de Yucatán y Valle Nacional, Oaxaca, los peones eran, por el trato que se les daba, prácticamente esclavos.

Sociedad y cultura

Durante los primeros años de vida independiente, las comunicaciones eran pocas y malas. Los viajeros y el correo iban en diligencias, a caballo o a pie. Las mercancías las transportaban los arrieros, con recuas de mulas que

podían llegar a ser enormes; los caminos eran en general malos y los viajes, largos y peligrosos. Yucatán, por ejemplo, estaba mejor comunicado con Cuba que con el centro de México, porque era más fácil viajar por mar que por tierra. Las selvas, las montañas, los ríos hacían difícil construir carreteras.

En 1852, se inauguró el servicio de telégrafos entre México y Veracruz. Veintiún años después, como dijimos, comenzó a correr el ferrocarril entre esas mismas ciudades. Con los telégrafos y los ferrocarriles, las cosas empezaron a cambiar. Las distancias se acortaron; los mensajes llegaron en mucho menos tiempo y los viajes resultaron más rápidos, cómodos y seguros.

Una diligencia tardaba seis días en llegar de México a Guadalajara; en ferrocarril el viaje se hacía en un día. Se construyeron vías férreas y muchos puentes; se tendieron miles de kilómetros de cables telegráficos, y esto transformó la vida. Muchos luga-

▼ 1878

• Los focos, inventados por Thomas Alba Edison

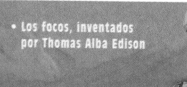

res pequeños y apartados se comunicaron con las ciudades y el país comenzó a estar unido. La electricidad, el teléfono, los gramófonos (tocadiscos), el cine, las bicicletas y los automóviles fueron novedades que llegaron en los últimos años del siglo.

Se hicieron grandes esfuerzos por extender la educación pública, lo que permitió que se educaran más niños; cada vez más gente pudo seguir estudios superiores y así se empezó a formar en todo el país una clase media de profesionales y empleados públicos. Se enriqueció la vida cultural con nuevos periódicos, revistas y libros escritos e impresos en México.

Se multiplicaron los caminos, puentes, edificios y escuelas. Los teatros presentaban compañías y actores europeos, y pronto el cinematógrafo fue conocido en todo el país. Muchos empresarios improvisaban salas de cine en carpas, hasta en lugares muy apartados, y pasaban vistas: escenas cortas, sin historia, de personajes o de ciudades extranjeras y mexicanas. Lo interesante era ver las imágenes en movimiento. Gracias a su bajo costo, el cine fue desde un principio una diversión muy popular.

La paz porfiriana fue provechosa para la cultura. Se avanzó en las ciencias, las artes y la técnica. Se fundaron academias, teatros, museos y asociaciones artísticas y científicas. Como en Europa y el resto de América, hubo una profunda influencia de la cultura francesa que puede apreciarse en la mayoría de los edificios y los monumentos de la época, como la Columna de la Independencia o las colonias Juárez y Roma, en la Ciudad de México. Al mismo tiempo, sin em-

Ferrocarril Nacional, 1900.

▼ 1880

▼ 1881

• Manuel González, presidente

• Ferrocarril Mérida-Progreso

Compuerta del Gran Canal
del Desagüe, en Zumpango
Edo. de México

Músicos como Juventino Rosas, Ricardo Castro y Felipe Villanueva buscaron crear una música con hondas raíces populares. Hubo grandes novelistas, como Federico Gamboa; cronistas y cuentistas, como Ángel de Campo, y poetas como Manuel Gutiérrez Nájera, Manuel José Othón, Salvador Díaz Mirón y Amado Nervo, que dedicaron su talento a describir y a cantar la vida y el paisaje de México, así como a explorar la intimidad de sus sentimientos.

En los últimos años del gobierno de Díaz hubo un grupo de muchachos brillantes y estudiosos que formaron en la Ciudad de México el Ateneo de la Juventud. Alfonso Reyes, Martín Luis Guzmán, Antonio Caso, José Vasconcelos y Pedro Henríquez Ureña encabezaron este movimiento renovador que buscó libertad y nuevos caminos para el pensamiento y para la creación artística. Sus trabajos juveniles fueron interrumpidos por la Revolución, y todos ellos realizaron la parte más importante de su obra una vez que terminó la lucha.

bargo, muchos continuaron preocupados por crear un arte nacional, sobre todo a partir de la herencia indígena, como puede verse en el Monumento a Cuauhtémoc, también en la capital.

Un grupo de historiadores publicó *México a través de los siglos*; otro grupo escribió *México y su evolución social*. Justo Sierra inauguró la Universidad Nacional. José María Velasco plasmó en cuadros maravillosos el esplendor del paisaje mexicano; Saturnino Herrán pintó una impresionante serie de cuadros con gente del pueblo y con alegorías de la mexicanidad; José Guadalupe Posada logró vigorosos grabados con escenas de la vida diaria.

Porfirio Díaz, 1910.

La dictadura porfirista

Porfirio Díaz casi no dejó ningún poder a los gobernadores ni a las autoridades locales. Él tomaba todas las decisiones. Los diputados y los senadores aprobaban todas sus iniciativas. La opinión pública debía estarle siempre agradecida. No se per-

▼ 1882

mitía ninguna confrontación de ideas ni de opiniones.

El presidente se reeligió varias veces. Por largo tiempo esa fórmula funcionó porque el país anhelaba la paz y la prosperidad, y porque el gobierno de Díaz logró un impresionante impulso económico. Pero con el tiempo los defectos de la situación se fueron agudizando. A un lado de la creciente desigualdad y del clima de injusticia que se vivía, sobre todo en el campo, el problema más grave fue que no había oportunidad para que quienes deseaban participar en la política pudieran hacerlo.

Porfirio Díaz había envejecido, se acercaba a los ochenta años y era natural pensar que pronto tendría que ser reemplazado. Pero el dictador no facilitó la inevitable sucesión.

En 1908, Porfirio Díaz concedió una entrevista al periodista norteamericano James Creelman, en la cual afirmó que México ya estaba preparado para tener elecciones libres. La noticia llenó de optimismo a mucha gente, que de inmediato comenzó a organizarse para participar en las elecciones de 1910. Surgieron varios partidos políticos, y se escribieron libros y artículos que discutían la situación del país y la solución de sus problemas.

Lamentablemente, Díaz cambió de opinión y se reeligió de nuevo. Pero era ya imposible detener el deseo de cambio.

Calle de San Francisco, en la ciudad de Guadalajara, Jalisco, 1910.

▼ 1884

▼ 1885

• Ferrocarril Central
(México-Ciudad Juárez) ··········
• Porfirio Díaz,
presidente de nuevo

• Vacuna contra la rabia,
desarrollada en Francia
por Louis Pasteur

En ferrocarril a Manzanillo

*É*sta es la reseña que hizo la revista El Mundo Ilustrado *de las fiestas inaugurales del ferrocarril a Manzanillo, en 1908.*

Breve, tan breve que parece un ensueño, fue el viaje del señor presidente de la república, durante el cual se verificó la inauguración de la primera línea que une directamente a la capital con la costa del Pacífico.

En setenta y dos horas de marcha triunfal, el primer magistrado de la nación inauguró el nuevo ferrocarril, visitó una de las regiones más hermosas y más ricas de nuestro territorio, y recibió las manifestaciones del aprecio en que se le tiene en todas partes.

El viernes 11 de los corrientes, a las diez y media de la mañana, los acordes del Himno Nacional, el ruido del cañón y el bullicio en la estación del Ferrocarril Central anunciaron que salía de la capital el jefe de la nación para dirigirse a Manzanillo, a declarar oficialmente inaugurada una de las líneas que más eficazmente contribuirán al engrandecimiento y progreso nacionales.

El viaje de ida fue fantástico en fuerza de ser rápido, sin más detenciones que las muy breves que se hicieron en Guanajuato, Irapuato y Colima, para dar lugar a las entusiastas demostraciones de los habitantes de estas ciudades, y el que se agregaran al tren presidencial los carros especiales de los gobernadores de las citadas entidades federativas. El tren corrió con toda velocidad y sin descanso entre esta ciudad y el puerto de Manzanillo.

Al fin se llegó a Manzanillo a la una y cuarenta minutos de la tarde del día 15, y en seguida se efectuó el banquete oficial, ceremonia la más prominente de las fiestas inaugurales. El señor presidente, vistiendo el traje de gran ceremonia y llevando al pecho las insignias de Gran Cruz de la Legión de Honor, descendió de su carro especial y se dirigió al muelle, donde se había preparado la mesa de honor.

Extranjerismo y nacionalismo

Luis González y González

La prosperidad porfírica no alcanzó a la gran mayoría de la población. Los millones de pesos quedaron en poder de una aristocracia poco numerosa y vestida de levita, y de una clase media cada vez más poblada, con medio millón de socios vestidos de chaqueta y pantalón. No llegó casi nada de la riqueza de México a la muchedumbre de camisa y calzón blanco.

Por otra parte, el cacareado progreso material únicamente fue visible en las ciudades. A éstas se les puso agua, drenaje, luz eléctrica, escuelas y jardines. En la ciudad se construyeron lujosas oficinas burocráticas, acueductos, fábricas, palacetes archidecorados, vecindades, mercados, tiendas de lujo, teatros, avenidas, fuentes y estatuas. Los ferrocarriles unieron los centros urbanos entre sí y con la capital, que duplicó su población y multiplicó los servicios y las construcciones.

El progreso aristocrático y urbano se obtuvo a cambio de una buena dosis de independencia. Los préstamos y las inversiones de los países capitalistas hicieron de la república mexicana un país dependiente sobre todo de los Estados Unidos y de Inglaterra. El capital forastero controlaba el noventa por ciento del invertido en minería, electricidad, petróleo y bancos. El dinero ajeno acarreó fortuna, que no independencia. ¿Hasta dónde llegó el vasallaje? Seguramente fue escaso en lo militar y político; vigoroso en lo técnico y económico.

La época liberal no puede quitarse el mote de extranjerizante. Sus hombres ricos y poderosos y su clase media querían que los países fuertes nos vieran con buenos ojos, que los rubios de Europa y el norte se sintieran a gusto en ésta su casa, que la nueva república fuese sujeto de crédito, que nos cobijasen la ópera, el *art nouveau*, los modistos parisienses y los bailes europeos.

Junto al vicio del extranjerismo crecen la conciencia y el sentimiento de una América mexicana. Nadie puede poner en duda el arraigado amor a México de Benito Juárez, Sebastián Lerdo de Tejada y Porfirio Díaz. Casi sin excepción, la élite política de la era liberal fue profundamente patriota. La obra del gobierno buscó la consolidación de una patria.

▼ **1888**

• Ferrocarril Nacional (México- Laredo)
• Reelección de Porfirio Díaz
• Manuel Payno publica la novela
Los Bandidos de Río Frío

Promesas

E l periodista norteamericano James Creelman entrevistó a Porfirio Díaz el 3 de marzo de 1908. Díaz expuso las razones de su permanencia en la presidencia, los avances de su gobierno y el deseo de abandonar el poder en las siguientes elecciones, cosa que no hizo. El texto que sigue es parte de esa entrevista.

Es un error suponer que el futuro de la democracia en México ha sido puesto en peligro por la prolongada permanencia en el poder de un solo presidente —dijo el gobernante en voz baja.

Puedo dejar la presidencia de México sin ningún remordimiento, pero lo que no puedo hacer es dejar de servir a este país mientras viva.

Recibí este gobierno de manos de un ejército victorioso, en un momento en que el país estaba dividido y el pueblo impreparado para ejercer los principios del gobierno democrático. Arrojar de repente a las masas la responsabilidad total del gobierno habría producido resultados que podían haber desacreditado la causa del gobierno libre.

He tratado de dejar la presidencia en muchas ocasiones, pero pesa demasiado y he tenido que permanecer en ella por la propia salud del pueblo que ha confiado en mí.

He esperado pacientemente porque llegue el día en que el pueblo de la república mexicana esté preparado para escoger y cambiar sus gobernantes, sin peligro de revoluciones armadas, sin lesionar el crédito nacional y sin interferir con el progreso del país. Creo que, finalmente, ese día ha llegado.

No importa lo que digan mis amigos y partidarios, me retiraré cuando termine el presente periodo y no volveré a gobernar. Para entonces, tendré ya ochenta años.

Cruzó los brazos sobre el ancho pecho y habló con gran énfasis:

Doy la bienvenida a cualquier partido oposicionista. Si aparece, lo consideraré como una bendición. Y si llega a hacerse fuerte, no para explotar sino para gobernar, lo sostendré y aconsejaré, y me olvidaré de mí mismo en la victoriosa inauguración de un gobierno completamente democrático en mi país.

El ferrocarril ha desempeñado un papel importante en la paz de México. Cuando yo llegué a presidente, había unicamente dos líneas pequeñas: una que

▼ 1890

▼ 1891

• Censo del Distrito Federal:
362,594 habitantes
• Se pagó el último abono de la deuda
que había con los Estados Unidos

• *Sobre las olas,*
vals de Juventino Rosas

conectaba la capital con Veracruz, la otra con Querétaro. Hoy día tenemos más de 19,000 kilómetros de ferrocarriles. El servicio de correos que teníamos era lento y deficiente, transportado en coches de posta, y el que cubría la ruta entre la capital y Puebla era asaltado por fascinerosos dos o tres veces en el mismo viaje, de tal manera que los últimos en atacarlo no encontraban ya nada que robar.

Tenemos ahora un sistema eficiente y económico, seguro y rápido a través de todo el país y con más de doscientas oficinas postales.

Empezamos castigando el robo con pena de muerte y apresurando la ejecución de los culpables. Ordenamos que donde quiera que los cables telegráficos fueran cortados y el jefe de distrito no lograra capturar al criminal, él debería sufrir el castigo; y en el caso de que el corte ocurriera en una plantación, el propietario, por no haber tomado medidas preventivas, debería ser colgado en el poste de telégrafo más cercano. No olvide usted que éstas eran órdenes militares.

Éramos duros. Algunas veces, hasta la crueldad. Pero esto es necesario para la vida y el progreso de la nación. Si hubo crueldad, los resultados la han justificado con creces.

Las aletas de su nariz se dilataron y temblaron. Su boca era una línea recta.

Fue mejor derramar un poco de sangre, para que mucha sangre se salva-ra. La que se derramó era mala; la que se salvó, buena.

La paz era necesaria, aun cuando fuese una paz forzada, para que la nación tuviera tiempo de pensar y actuar. La educación y la industria han llevado adelante la tarea emprendida por el ejército.

Así es Porfirio Díaz. Dondequiera que se le vea, en el Castillo de Chapultepec, en su despacho del Palacio Nacional o en la exquisita sala de su sencilla casa en la ciudad, él es siempre el mismo: sencillo, conciso y lleno de la dignidad de su fuerza consciente.

Presidentes de México 1872-1911

Sebastián Lerdo de Tejada	jul.	1872	nov.	1876
José María Iglesias	oct.	1876	ene.	1877
Porfirio Díaz	nov.	1876	dic.	1876
Juan N. Méndez	dic.	1876	feb.	1877
Porfirio Díaz	feb.	1877	nov.	1880
Manuel González	dic.	1880	nov.	1884
Porfirio Díaz	dic.	1884	may.	1911
Francisco León de la Barra	may.	1911	nov.	1911

Porfirio Díaz fue reelecto como presidente en 1884, 1888, 1892, 1896, 1900, 1904 (por seis años) y 1910.

▼ 1892

▼ 1893

• Reelección de Porfirio Díaz
• Ferrocarril México-Oaxaca

• Tratado Mariscal-Spencer para fijar la frontera con Belice
• Heriberto Frías publica la novela *Tomochic*
• Cinematógrafo inventado por Louis y Auguste Lumière

El siglo XX

La Revolución Mexicana

LECCIÓN 6

Porfirio Díaz fue presidente de México treinta y un años. Durante ese tiempo, el poder quedó en manos de un pequeño grupo de personas, encabezadas por Díaz; el pueblo no tuvo oportunidad de opinar sobre sus problemas ni de elegir a sus gobernantes. Mientras tanto, había surgido una nueva generación de jóvenes maestros, médicos, abogados, ingenieros, agricultores e industriales que querían participar en la vida política del país y que no podían hacerlo porque todos los puestos estaban ya ocupados por hombres mucho más viejos que ellos.

Cuando, en 1908, Díaz afirmó que México se encontraba maduro para la democracia, esos jóvenes sintieron que había llegado el momento de participar en la política y se sintieron llenos de entusiasmo.

Uno de esos hombres fue Francisco I. Madero. Había estudiado y viajado fuera de México, pues venía de una familia de hacendados y empresarios, y no tenía dificultades económicas. Sin embargo, sabía que muchos mexicanos vivían en condi-

Francisco I. Madero en Ciudad Juárez, 21 de mayo de 1911.

ciones de extrema pobreza y estaba hondamente preocupado por los problemas nacionales. Quería participar en el gobierno de su país y decidió entrar en la política.

Junto con otras personas que, como él, estaban en contra de que Porfirio Díaz se reeligiera, Madero fundó el partido Antirreeleccionista, del que fue candidato. Después se dedicó a viajar por todo el país, para explicar al pueblo sus ideas políticas. Desde el tiempo en que Juárez había recorrido el país esto no sucedía. Madero se hizo muy popular y despertó grandes esperanzas de cambio. Su campaña creó gran interés en las elecciones de 1910 y que mucha gente deseara participar en ellas.

El Plan de San Luis Potosí

Madero creía en la democracia y en la necesidad de renovar el gobierno de acuerdo con las leyes. Pero el éxito de su campaña lo convirtió en un peligro para el gobierno de Díaz, y poco antes de las elecciones fue

▼ 1894

▼ 1895

• Ferrocarril del Istmo

• Los Rayos X, descubiertos en Alemania por Wilhelm Roentgen
• La telegrafía sin hilos inventada por el italiano Guiglielmo Marconi

detenido en Monterrey y encarcelado en San Luis Potosí. Allí recibió la noticia de que Díaz había vuelto a reelegirse. Mediante el pago de una fianza salió de la cárcel, aunque debía permanecer en la ciudad. Sin embargo, a principios de octubre Madero escapó a los Estados Unidos, donde publicó el Plan de San Luis Potosí.

En ese documento, Madero denunció la ilegalidad de las elecciones y desconoció a Porfirio Díaz como presidente. Se declaró él mismo presidente provisional, hasta que se realizaran nuevas elecciones; prometió que se devolverían las tierras a quienes hubieran sido despojados de ellas; pidió que se defendiera el sufragio (voto) efectivo y la no reelección de los presidentes. También hizo un llamado al pueblo para que se levantara en armas el 20 de noviembre de 1910, y arrojara del poder al dictador. La experiencia lo había convencido de que no había otra manera de lograr el cambio de gobernante.

Comienza la Revolución

El 14 de noviembre, en Cuchillo Parado, Chihuahua, Toribio Ortega se levantó en armas con un pequeño grupo de seguidores. El 18 del mismo mes, en Puebla, fue descubierta una conspiración maderista en la casa de la familia Serdán. Al resistirse contra la policía y los soldados, Aquiles y Máximo Serdán perdieron la vida; fueron unos de los primeros mártires de la Revolución. Su hermana Carmen y su madre, que también lucharon, fueron encarceladas.

En Chihuahua, Madero logró que Pascual Orozco y Francisco Villa estuvieran de su parte. En Morelos sucedió lo mismo con

Revolucionario en el exilio

Uno de los periodistas que más intensamente manifestaron su oposición al régimen de Díaz fue Ricardo Flores Magón (1873-1922). Cuando tenía veinte años, Flores Magón se inició como periodista en *El Demócrata*, un diario de oposición. Siete años después, en 1900, con su hermano Jesús fundó el periódico *Regeneración*, cuyos ataques contra el presidente Díaz le valieron ser encarcelado.

Tras nuevas prisiones, en 1904 salió desterrado a San Antonio, Texas, donde volvió a publicar *Regeneración*, ahora con su hermano Enrique. Dos años después, en Saint Louis Missouri, a donde llegaron huyendo, los Flores Magón fundaron el Partido Liberal Mexicano, que pronto se extendió por todo México, aunque su dirigente principal se mantuvo en el exilio.

En enero de 1911 los seguidores de Flores Magón levantaron en armas a Baja California y tomaron Tijuana y Mexicali. Madero no logró atraerlos a su movimiento, pues Ricardo Flores Magón lo consideraba una "revolución burguesa"

En marzo de 1918, durante la primera Guerra Mundial, el haber firmado un manifiesto dirigido a los anarquistas de todo el mundo le valió a Ricardo Flores Magón ser condenado a veinte años de cárcel, acusado de violar el Acta de Espionaje. Murió en prisión, en los Estados Unidos.

Ricardo Flores Magón.

▼ 1896

Amigos vendrá la hora de votar, que tanto esperan; pero ¡con calma, y no quieran enchuecarme la tambora!

Emiliano Zapata. En la Ciudad de México hubo motines contra Porfirio Díaz.

Ni Orozco ni Villa tenían preparación militar, pero resultaron ser estrategas excelentes; los seguía gente del norte, descontenta por la existencia de latifundios ganaderos.

En marzo de 1911, Zapata encabezó a los campesinos de Morelos, que reclamaban sus derechos sobre la tierra y el agua. En otros lugares de la república hubo también levantamientos.

El ejército de Porfirio Díaz, que había mantenido la paz durante treinta años, parecía muy fuerte, pero en realidad era débil frente al descontento general. En sólo seis meses las fuerzas maderistas triunfaron sobre las del viejo dictador. La acción definitiva fue la toma de Ciudad Juárez, por Orozco y Villa. En esa misma ciudad, en mayo de 1911, se firmó la paz entre el gobierno de Díaz y los maderistas. Porfirio Díaz renunció a la presidencia y salió del país rumbo a Francia, donde murió en 1915.

El gobierno de Madero

Al renunciar Porfirio Díaz, el Congreso nombró presidente interino a Francisco León de la Barra, y convocó a elecciones. Resultaron electos Francisco I. Madero como presidente, y José María Pino Suárez, como vicepresidente.

Madero asumió la presidencia de la república en noviembre de 1911. Aunque Porfirio Díaz había dejado el país, eso no solucionaba los viejos problemas nacionales. La riqueza seguía estando concentrada en manos de unos cuantos mexicanos y extranjeros, muy ricos, que tenían toda clase de lu-

Madero, gobernante
José Vasconcelos (1881-1959)

Nunca prometió Madero imposibles, por más que sus enemigos lo tacharon de demagogo. Desde sus primeros discursos a los obreros de Orizaba recordó que el secreto de la prosperidad está en el trabajo, no en la engañifa de sistemas que adulan a tal o cual clase de la población. Sin incitar al indio contra el blanco, inició la tarea de despertar a la raza vencida; sin proclamarse de derecha o de izquierda, estuvo siempre atento al mayor bien de los humildes, sin preocuparse por la hostilidad de los explotadores.

Su atención de estadista también vio más allá de lo económico. Durante su gobierno la educación pública recibió el primer gran impulso de difusión. En los mejores tiempos de la administración porfirista el presupuesto de Educación no alcanzó más de ocho millones de pesos. Madero elevó el presupuesto de Educación a doce millones y con el aumento estableció las primeras escuelas rurales sostenidas por la federación. Su empeño de difundir la enseñanza respondía al deseo de cimentar la democracia.

▼ 1898

▼ 1899

• Amado Nervo publica los libros de poemas *Perlas negras* y *Místicas*

• Ferrocarril México-Cuernavac.

Madero entra a la ciudad de Cuernavaca, Morelos, escoltado por Jefes del Ejército del Sur. 12 de junio de 1911. Archivo Casasola.

jos mientras la mayoría del pueblo apenas podía vivir. Continuaban las injusticias en el campo y en las ciudades.

Los campesinos deseaban que les devolvieran sus tierras, y los obreros mejores salarios, un tiempo de trabajo diario más corto y el derecho a organizarse para exigir mejores condiciones de trabajo cuando fuera necesario. Además había una queja general: los mexicanos sentían que el gobierno cuidaba más de los intereses extranjeros que de los mexicanos.

Madero tuvo que enfrentarse a todas esas dificultades. Para resolverlas había dos caminos: hacerlo poco a poco, siguiendo la ley; o cambiar de inmediato, por la fuerza si fuera necesario, todo lo que estaba mal.

Madero prefería el primero; pero algunos de sus antiguos partidarios no querían esperar.

Emiliano Zapata se rebeló en Morelos contra Madero apenas veinte días después de que éste ocupó la presidencia, y Pascual Orozco lo hizo en Chihuahua, a principios de 1912. Madero encargó las operaciones contra Orozco al general Victoriano Huerta, que en unos meses derrotó a los orozquistas.

Las compañías extranjeras que estaban instaladas en México no confiaban en Madero porque no querían perder los privilegios que les había concedido Porfirio Díaz; entonces empezaron a considerar la conveniencia de eliminar el estorbo que para ellos representaba Madero.

▼ 1900

▼ 1901

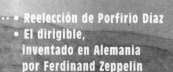

• Reelección de Porfirio Díaz
• El dirigible, inventado en Alemania por Ferdinand Zeppelin

• Salvador Díaz Mirón publica el libro de poemas *Lascas*

La Decena Trágica

Con el apoyo de algunos diplomáticos extranjeros, encabezados por el embajador de Estados Unidos, en febrero de 1913 tres antiguos militares porfiristas se rebelaron contra Madero en la Ciudad de México. Uno de ellos, Bernardo Reyes, murió cuando dirigía un ataque contra el Palacio Nacional. Los otros dos, Félix Díaz y Manuel Mondragón, se encerraron en la Ciudadela, un antiguo depósito de armas en el centro de la capital.

Madero se enfrentó a la situación valerosamente. Para su desgracia puso el mando de las tropas leales en manos de Victoriano Huerta, que el año anterior había sometido a los orozquistas pero ahora, sin que el presidente lo supiera, estaba de acuerdo con los sublevados.

Durante diez días ocurrieron distintos enfrentamientos que causaron un estado de enorme confusión. Hubo numerosos combates en la ciudad; muchos civiles murieron y muchos edificios fueron dañados. A estos días los llamamos la Decena Trágica.

El embajador de los Estados Unidos, Henry Lane Wilson, arregló que Huerta y los militares sublevados se entrevistaran en la Embajada de los Estados Unidos y pactaran lo que harían. Wilson temía que el movimiento revolucionario afectara los intereses de las compañías norteamericanas. Prefería que hubiera un nuevo dictador y creía que Huerta podría serlo.

El 18 de febrero, unos soldados de Huerta entraron a Palacio Nacional y apresaron a Madero junto con el vicepresidente José María Pino Suárez. Los dos fueron obli-

Decena Trágica. Soldados sublevados en acción. 1913. Fotografía: Osuna.

▼ 1902

▼ 1903

- Manuel José Othón publica *Poemas rústicos*

- Federico Gamboa publica la novela *Santa*
- Primeros vuelos del aeroplano de motor, en los Estados Unidos por Orville y Wilbur Wright

gados a renunciar a sus cargos; los asesinaron cuatro días después. El crimen indignó a todo el país. Victoriano Huerta realizó las maquinaciones necesarias para asumir legalmente la presidencia, pero de inmediato tuvo que hacer frente a quienes no estaban dispuestos a aceptarlo.

La Revolución constitucionalista y la Convención de Aguascalientes

El gobernador de Coahuila, Venustiano Carranza, no reconoció a Victoriano Huerta como presidente y se levantó en armas. A su ejército se le llamó Constitucionalista, porque exigía el respeto a la Constitución. La lucha se extendió por el país, bajo el mando de diversos jefes militares, como Álvaro Obregón, Francisco Villa, Emiliano Zapata y muchos otros. La agricultura, la industria y el comercio sufrieron los efectos de la guerra. Hombres y mujeres abandonaron sus trabajos y se lanzaron a los campos de batalla.

En los ejércitos revolucionarios cada jefe y cada soldado tenía la esperanza de lograr una situación más justa. Formaban una tropa poco disciplinada pero entusiasta, en la que a veces iban familias enteras.

Los ferrocarriles y los telégrafos fueron decisivos para la Revolución. Quien dominaba las líneas podía transportar ejércitos y cañones, sorprender al enemigo, retirarse rápidamente, avisar de inmediato lo que su-

Niño federal. Hacia 1915.
Archivo Casasola.

cedía, coordinar los movimientos de las tropas o despistar a los contrarios.

Huerta había confiado en la ayuda de los Estados Unidos, pero en 1913 el presidente Woodrow Wilson se negó a reconocer su gobierno. En lugar de eso envió tropas para ocupar Veracruz. Esta nueva invasión fue rechazada heroicamente por los habitantes del puerto. Aunque esta intervención, que estaba dirigida contra Huerta, favorecía al Ejército Constitucionalista, Carranza protestó. Él sostenía, con razón, que los problemas de México debían resolverlos los mexicanos.

Mientras tanto, los revolucionarios avanzaban con paso firme. Al frente del Ejército del Noroeste, Álvaro Obregón bajó desde Sonora por la costa del Pacífico, sin perder una sola batalla, hasta Guadalajara. Zapata continuó luchando. La División del Norte, comandada por Francisco Villa, destrozó a las tropas federales en las batallas de Torreón y de Zacatecas.

La revolución constitucionalista triunfó. En agosto de 1914, Huerta dejó el país y Carranza entró en la Ciudad de México. Pero no todos los grupos de revolucionarios estaban de acuerdo con que Carranza fuera el *Primer Jefe*, como se había hecho llamar, ni qué curso debía seguir el movimiento. Los caudillos revolucionarios o sus representantes se reunieron en Aguascalientes, en octubre de 1914, para tratar de ponerse de acuerdo, en una reunión que se llamó la Soberana Convención Revolucionaria.

• Reelección de Porfirio Díaz

• Inauguración del Hospital General en la Ciudad de México
• La teoría de la relatividad, propuesta en Alemania por Albert Einstein

La Revolución Mexicana 1910–1920

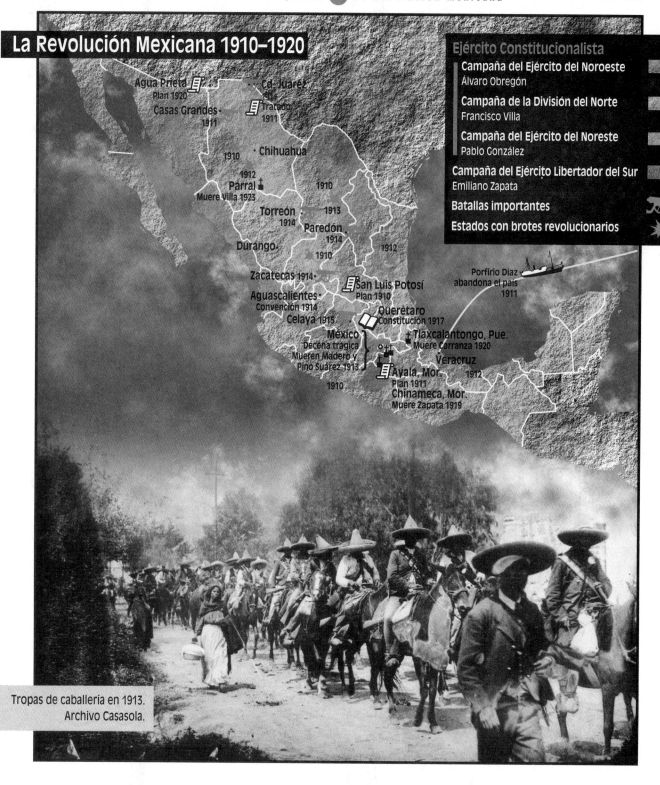

Ejército Constitucionalista

Campaña del Ejército del Noroeste
Álvaro Obregón

Campaña de la División del Norte
Francisco Villa

Campaña del Ejército del Noreste
Pablo González

Campaña del Ejército Libertador del Sur
Emiliano Zapata

Batallas importantes

Estados con brotes revolucionarios

Agua Prieta
Plan 1920

Cd. Juárez
1911
Tratado
1911

Casas Grandes
1911

Chihuahua

1910

1912
Parral
Muere Villa 1923

1910

Torreón
1914

1913

Paredón
1914

Durango

1910

1912

Zacatecas 1914

Porfirio Díaz
abandona el país
1911

Aguascalientes
Convención 1914

San Luis Potosí
Plan 1910

Celaya 1915

Querétaro
Constitución 1917

México
Decena trágica
Mueren Madero y
Pino Suárez 1913

Tlaxcalantongo, Pue.
Muere Carranza 1920

Veracruz
1912

Ayala, Mor.
Plan 1911

1910

Chinameca, Mor.
Muere Zapata 1919

Tropas de caballería en 1913.
Archivo Casasola.

▼ 1906

▼ 1907

• Huelga de Cananea

•••••• • Huelga de Río Blanco, Veracruz
• Fundación de la Sociedad de
Conferencias (a partir de 1909,
Ateneo de la Juventud)
• Primera central telefónica
en la Ciudad de México

Los convencionistas decidieron adoptar parte del programa el de Zapata sobre el reparto de tierras a los campesinos, y eligieron como presidente interino de la república a Eulalio Gutiérrez. Los grupos villistas y zapatistas aceptaron esta decisión, pero Carranza no la acató.

La Revolución quedó convertida en la lucha entre dos bandos irreconciliables: carrancistas, contra villistas y zapatistas. Al principio pareció que Villa y Zapata triunfarían, ya que ocuparon casi todo el país y tomaron la capital, mientras Carranza y su principal general, Álvaro Obregón, se refugiaban en Veracruz. Pero finalmente el talento militar de Obregón se impuso al de Villa y lo derrotó en Celaya, en abril de 1915.

Tras nuevas derrotas, Villa se refugió en la sierra de Chihuahua. En 1916, cuando el gobierno de los Estados Unidos reconoció al de Carranza, Villa invadió el territorio estadunidense y atacó el pueblo de Columbus, en Nuevo México. Carranza lo declaró fuera de la ley. Una columna de soldados norteamericanos entró a México para perseguirlo, pero no pudieron ni siquiera encontrarlo. La presencia de tropas extranjeras en México provocó situaciones difíciles, pero la serenidad de Carranza, su apego a las vías diplomáticas, evitó que el conflicto creciera.

Carranza triunfó sobre Villa y Zapata gracias a su propia capacidad como estratega y a la de Álvaro Obregón. Pero también

Francisco Villa, en la silla presidencial, el 6 de diciembre de 1914. Se ven sentados Tomás Urbina, Francisco Villa, Emiliano Zapata y Otilio Montaño. Archivo Casasola.

▼ 1908

▼ 1909

• El periodista James Creelman entrevista a Porfirio Díaz
• Francisco I. Madero publica *La sucesión presidencial en 1910*

• Francisco I. Madero funda el Partido Antireeleccionista
• Andrés Molina Enríquez publica *Los Grandes problemas nacionales*

Símbolo del agrarismo

Emiliano Zapata (1879-1919) nació en Anenecuilco, Morelos. Casi desde niño comenzó a participar en reuniones que buscaban defender la tierra de su pueblo. En 1909 resultó electo presidente de la Junta de Defensa de las tierras en Anenecuilco. Sus gestiones lo pusieron en contacto con Ricardo Flores Magón y con otros revolucionarios.

Zapata quería recuperar la tierra; que sus dueños fueran los campesinos que la trabajaban. En 1911, se lanzó a la lucha, a la cabeza de su Ejército Libertador del Sur, en apoyo a Madero. En noviembre de ese mismo año, sin embargo, se levantó con el Plan de Ayala contra Madero, que había llegado a la presidencia y no había resuelto el problema agrario con la rapidez con que Zapata lo esperaba.

Zapata continuó luchando contra Huerta, al igual que Villa, con quien hizo causa común contra Carranza después de la Convención de Aguascalientes. En noviembre de 1914, los dos caudillos entraron juntos a la Ciudad de México.

En 1916, Zapata perdió la ciudad de Cuernavaca, derrotado por Pablo González, quien de inmediato comenzó a fraguar un plan para matarlo. Traicionado por Jesús Guajardo, Zapata fue acribillado en la hacienda de Chinameca, en Morelos, el 10 de abril de 1919.

La intensidad de su lucha por entregar la tierra a los campesinos convirtió a Zapata en símbolo de una de las promesas más importantes de la Revolución.

porque sabía mejor que sus rivales lo que significaba la unidad nacional, por encima de los enfrentamientos entre caudillos. Tenía una clara idea de lo que era una nación. Insistió en la legalidad de su movimiento y actuó conforme a la ley. Para Carranza, el nacionalismo y el apego a la ley eran los valores más importantes.

La Constitución de 1917

A finales de 1916, los revolucionarios se reunieron en Querétaro para reformar la Constitución de 1857. Finalmente decidieron redactar una nueva, pues las circunstancias de México en ese momento eran muy diferentes a las que había en tiempos de Juárez, cuando se hizo la de 1857.

La nueva Constitución se promulgó el 5 de febrero de 1917. En ella se incorporaron ideas de todos los grupos revolucionarios. Retomó las libertades y los derechos de los ciudadanos, así como los ideales democráticos y federales de la de 1857. También reconoció los derechos sociales, como el de huelga y de organización de los trabajadores, el derecho a la educación y el derecho de la nación a regular la propiedad privada de acuerdo con el interés de la comunidad.

El Artículo 3° declara que la educación primaria debe ser obligatoria y gratuita. Además, debe ser laica, ajena a toda doctrina religiosa, para garantizar la libertad de cultos.

El Artículo 27 de esta Constitución declara que las riquezas del suelo, el subsuelo, las aguas y mares de México son de la nación. Ésta puede ceder a particulares el derecho de propiedad de la tierra y de la explotación

▼ 1910

▼ 1911

- Centenario de la Independencia.
- Última reelección de Porfirio Díaz
- Plan de San Luis Potosí, de Madero
- 20 de noviembre, comienza la Revolución
- Inauguración de la Universidad Nacional

- Batalla de Ciudad Juárez
- Renuncia de Porfirio Díaz
- Francisco I. Madero, president
- Plan de Ayala, de Emiliano Zapata

del subsuelo. Y puede expropiarlas cuando lo considere necesario. Este artículo hizo posible controlar la actividad de las compañías mineras y petroleras, así como el reparto de la tierra de las grandes haciendas entre los campesinos.

El Artículo 123 protege a los trabajadores. Establece que la duración del trabajo diario no debe ser de más de ocho horas, en lugar de las doce a quince que se trabajaban antes, y que debe haber un día de descanso obligatorio a la semana. Prohíbe que las mujeres y los niños se ocupen de labores inadecuadas para su sexo y su edad. También reconoce que los trabajadores tienen derecho a formar sindicatos (asociaciones para defenderse) y a hacer huelgas (suspender las labores para presionar a los patrones cuando se presentan conflictos de trabajo).

La Constitución de 1917 es la que nos rige. Muchas veces ha sido reformada, para adaptarla a las circunstancias, que cambian con el tiempo, pero sus principios básicos siguen normando la vida de México.

Estadista y estratega

Venustiano Carranza (1859–1920) comenzó su carrera política en 1887, como presidente municipal del pueblo donde nació, Cuatro Ciénegas, Coahuila.

Once años después, en 1908, llegó a ser gobernador de su estado. Se unió a la causa de Madero y cuando éste fue presidente, Carranza participó en su gabinete como ministro de Guerra y Marina.

Después fue nuevamente gobernador de Coahuila. Cuando Madero y Pino Suárez fueron asesinados, en 1913, Carranza formuló el Plan de Guadalupe, contra Victoriano Huerta, y se convirtió en el jefe del Ejército Constitucionalista, llamado así porque defendía la Constitución de 1857.

Carranza estaba convencido de la importancia que tiene respetar las leyes nacionales. Después de triunfar sobre las otras facciones revolucionarias, en 1916 convocó a un nuevo Congreso para redactar una nueva Constitución. Esta Carta Magna (como también se llama a la Constitución) fue la de 1917, que se encuentra todavía vigente.

Ese mismo año de 1917 tomó posesión como presidente de la república. Al acercarse el tiempo de nuevas elecciones, se alzaron en su contra, entre otros, Álvaro Obregón y Plutarco Elías Calles. Durante su retirada de la capital, Carranza fue asesinado en la sierra de Puebla, en 1920, en un lugar llamado Tlaxcalaltongo.

Venustiano Carranza en La Cañada, Querétaro, el 22 de enero de 1916. Archivo Casasola.

▼ **1912**

• Sublevación de Pascual Orozco, contra Madero

De la toma de Zacatecas

Durante la Revolución se compusieron numerosos corridos, muchos de los cuales todavía se cantan. Estas poesías, casi siempre de autor desconocido, narran hechos importantes. El que sigue cuenta cómo tomaron la ciudad de Zacatecas los revolucionarios. Los pelones son los soldados del ejército de Victoriano Huerta. La División del Norte era el ejército de Francisco Villa.

Voy a cantar estos versos,
de tinta tienen sus letras,
voy a cantarles a ustedes
la toma de Zacatecas.

Mil novecientos catorce,
mes de junio veintitrés,
fue tomada Zacatecas
entre las cinco y las seis.

Gritaba Francisco Villa
en la estación de Calera:
—Vamos a darle la mano
a don Pánfilo Natera.

Ya tenían algunos días
que se estaban agarrando,
cuando llega el general
a ver qué estaba pasando.

Cuando llega Pancho Villa
sus medidas fue tomando:
a cada quien en su puesto
los iba posesionando.

Les decía Francisco Villa
al frente del batallón;
para empezar el combate
al disparo de un cañón.

Al disparo de un cañón,
como lo tenían de acuerdo,
empezó duro el combate
por lado derecho e izquierdo.

Les tocó atacar La Bufa
a Villa, Urbina y Natera,
porque allí tenía que verse
lo bueno de su bandera.

Decía el coronel García,
con su teniente Carrillo:
—Le pido permiso a Villa
para atacar por El Grillo.

Fue tomado Zacatecas
por Villa, Urbina y Natera,
Ceniceros y Contreras,
Madero Raúl y Herrera.

¡Ahora sí, borracho Huerta,
harás las patas más chuecas,
al saber que Pancho Villa
ha tomado Zacatecas!

Gritaba Francisco Villa:
—¿En dónde te hallas, Barrón?
Se me hace que a mí me vienes
guango como el pantalón.

▼ 1913   ▼ 1914

- Decena Trágica
- Victoriano Huerta, presidente
- Asesinato de Madero y Pino Suárez
- Alzamiento de Venustiano Carranza
- Francisco Villa toma Ciudad Juárez

- Defensa de Veracruz contra tropas norteamericanas
- Villa toma Torreón y Zacatecas
- Huerta abandona el país
- Convención de Aguascalientes
- Zapata y Villa en la capital
- 1914-1918, primera Guerra Mundial, en Europa

Les decía Francisco Villa
con una voz muy ufana:
—Ya están tumbando la finca
que le nombraban La Aduana.

Esa finca de La Aduana
era una finca bonita,
la tumbaron los huertistas
con pólvora y dinamita.

Gritaba Francisco Villa:
—¿Dónde te hallas, Argumedo?
¿Por qué no sales al frente,
tú que nunca tienes miedo?

Abajo de aquella finca,
allá había muchos pelones,
muchas armas, mucho parque y
más de veintidós cañones.

¡Ay, hermoso Zacatecas!,
mira cómo te han dejado,
la causa fue el viejo Huerta
y tanto rico allegado.

Estaban todas las calles
de muertos entapizadas
y las cuadras por el fuego
todititas destrozadas.

Adiós, cerro de La Bufa,
con tus lucidos crestones,
cómo te fueron tomando
teniendo tantos pelones.

Andaban los federales
que no hallaban ni qué hacer,
buscando enaguas prestadas
pa vestirse de mujer.

Subieron a las iglesias
a repicar las campanas
y las bandas por las calles
sonorizaban con dianas.

Cuatro ramitos de flores
puestos en cuatro macetas,
por la División del Norte
fue tomada Zacatecas.

Soldado federal despidiéndose de su hijita.
Archivo Casasola.

▼ 1915

▼ 1916

• Mariano Azuela publica
la novela *Los de Abajo*
• Obregón derrota a Villa en Celaya

• Villa ataca Columbus,
en Estados Unidos

El siglo XX

La reconstrucción del país

LECCIÓN 7

La Constitución fue promulgada en 1917, pero en algunas regiones de México la guerra continuó hasta 1920. Cuando terminó, muchas cosas habían cambiado. El país quedó en manos de una nueva generación de hombres y mujeres fogueados en la Revolución.

Las huellas de la destrucción eran palpables en la agricultura, las minas, las fábricas y el comercio; los caminos, los puentes, las

La reconstrucción de México.
Pintura de Juan O'Gorman, 1949.

▼ 1917

▼ 1918

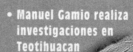

- 5 de febrero, se promulga la Constitución aún vigente
- Venustiano Carranza, presidente
- Alfonso Reyes publica el ensayo *Visión de Anáhuac*

- Manuel Gamio realiza investigaciones en Teotihuacan

vías de ferrocarril, los cables del telégrafo, y muchas otras instalaciones.

Muchos soldados y civiles murieron en las batallas, o a manos de los bandidos que aprovechaban el desorden, o por el hambre y las epidemias que provocó la lucha. Muchos hombres y mujeres salieron del país, sobre todo a los Estados Unidos, para buscar trabajo, o perseguidos por sus enemigos políticos. Otros se fueron a vivir a las ciudades, en especial a la capital, porque eran más seguras. En 1910 México tenía algo más de quince millones de habitantes; en 1921, contaba con poco más de catorce millones. Entre muertos, desaparecidos y exiliados, durante la Revolución la población del país disminuyó en aproximadamente un millón de personas

Las actividades productivas estaban paralizadas. Lo único que seguía funcionando con cierta regularidad eran los campos petroleros y algunas minas, que eran propiedad de extranjeros y fueron respetados para que no hubiera dificultades con los gobiernos de sus países.

Se restablece la paz

El orden retornó poco a poco. Los ejércitos de Zapata y de Villa fueron derrotados, pero en Morelos y en Chihuahua las guerrillas siguieron peleando contra los carrancistas, aun después de que Zapata fue traicionado y asesinado, en 1919. Villa firmó la paz con el gobierno en 1920. Recibió el Rancho de Canutillo, en Durango, y se retiró allí. En 1923 fue asesinado en una emboscada, en Hidalgo del Parral, Chihuahua.

Carranza fue el primer presidente electo después de que se promulgó la Constitución de 1917. Al final de su mandato (de cuatro años entonces, y no de seis como ahora)

Zapata.
Mural de Diego Rivera.

Carranza no logró convencer a los jefes revolucionarios de que apoyaran a su candidato para las siguientes elecciones. En consecuencia, los generales Álvaro Obregón y Plutarco Elías Calles organizaron la Rebelión de Agua Prieta, llamada así por la población en donde se inició, en el estado de Sonora.

Carranza se retiró y escapó con algunos de sus hombres rumbo a Veracruz, dispuesto a resistir. Fue asesinado, en la sierra de Puebla, en un pequeño poblado llamado Tlaxcalantongo, en mayo de 1920.

Al triunfo de la rebelión, Adolfo de la Huerta fue nombrado presidente interino y consiguió que los generales zapatistas y el mismo Villa dejaran las armas. Así se consiguió la paz en el país y pudieron convocarse unas nuevas elecciones presidenciales, en las que triunfó Álvaro Obregón.

▼ 1919

▼ 1920

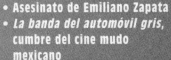

- Asesinato de Emiliano Zapata
- *La banda del automóvil gris,* cumbre del cine mudo mexicano

- Alzamiento de Álvaro Obregón
- Asesinato de Carranza
- Adolfo de la Huerta, presidente
- Álvaro Obregón, presidente ....

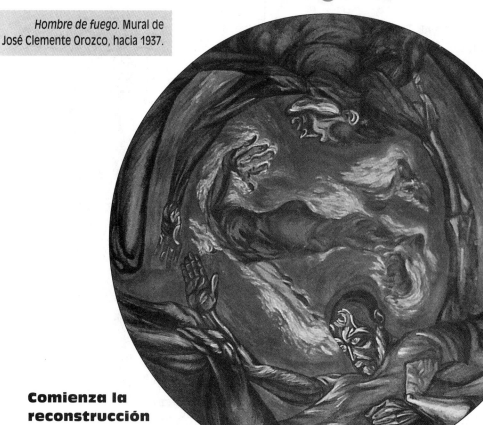

Hombre de fuego. Mural de
José Clemente Orozco, hacia 1937.

Comienza la reconstrucción

En 1920, cuando llegó a la
presidencia, Obregón tenía 40
años. Había sido agricultor en Sonora. Al inicio de la lucha se integró a las filas del Ejército Constitucionalista, donde fue uno de
los más brillantes militares. Como político,
buscó la alianza con los trabajadores y con
los antiguos zapatistas. La tarea más importante de su gobierno, hasta 1924, fue poner
en marcha la reconstrucción del país y buscar la unidad nacional.

Era necesario reparar lo que estaba des-
truido. Y cumplir con lo que la Revolución
había ofrecido a los mexicanos. Para ello,
comenzaron a expropiarse latifundios y a
repartirse tierras a los campesinos que no
las tenían. Se fijaron salarios mínimos, hora-

rios de trabajo y
condiciones de segu-
ridad en las minas y fá-
bricas. Se apoyó a los obreros para que pudieran organizar
los primeros sindicatos.

Revolución cultural

Durante el gobierno de Obregón hubo otra
revolución, tan intensa como la armada, pero más hermosa y difícil: una revolución en
la educación y en las artes.

José Vasconcelos, secretario de Educación, puso en marcha una ambiciosa campaña que llamó *Alfabeto, pan y jabón*. Se es-
forzó porque la escuela primaria llegara a
todo el país y porque todos los mexicanos
supieran leer y escribir. Los que sabían de-

▼ 1921

▼ 1922

- **Creación de la Secretaría de
  Educación Pública**
- **Ramón López Velarde publica
  el poema "La suave patria"**

- **Diego Rivera, José Clemente Orozco
  y David Alfaro Siqueiros pintan
  murales en San Ildefonso**
- **La insulina es descubierta
  por el canadiense Frederick Banting**

bían enseñar a los que no sabían; se fundaron bibliotecas en ciudades y pueblos; se publicaron revistas y libros, tanto para niños como para adultos.

En el campo, Vasconcelos organizó las *misiones culturales:* grupos de estudiantes y profesionistas que se instalaban como maestros temporalmente en diferentes lugares, para alfabetizar a la gente y enseñarle medidas de higiene, oficios y cómo aprovechar mejor los recursos del lugar donde vivían.

En las escuelas se dio importancia especial al deporte, la música, las artes gráficas y las manualidades. Vasconcelos fomentó las escuelas técnicas, los talleres y, sobre todo en el campo, los huertos escolares. Se preocupó por la alimentación y la salud de los niños.

Vasconcelos apoyó a los músicos, los escritores y los pintores, como Diego Rivera, José Clemente Orozco y David Alfaro Siqueiros. Compositores como Silvestre Revueltas y Carlos Chávez hicieron muchas de sus obras musicales a partir de las canciones que cantaba el pueblo. La inspiración popular dio originalidad y fuerza al arte mexicano, que alcanzó reconocimiento universal.

Fue un renacimiento del espíritu y de la fe en los valores nacionales y universales. La obra educativa de esos años no ha perdido su fuerza; todavía sirve de inspiración a los educadores y a los artistas de México y del mundo.

La rebelión delahuertista

En 1923 hubo nuevas elecciones presidenciales. El candidato de Obregón era el general Plutarco Elías Calles, el secretario de Gobernación. Otros grupos apoyaron a Adolfo de la Huerta, el secretario de Hacienda, que era civil. Algunos militares se levantaron en armas para apoyar a De la Huerta, pues consideraban que la candidatura de Calles era una imposición de Obregón, y temían que

La escuela. Mural de Pablo O'Higgins, 1949.

▼ 1923

• Levantamiento delahuertista
• Asesinato de Villa
• Primeras estaciones
  de radio comerciales

▼ 1924

• Plutarco Elías Calles, presidente

Sueño dominical en la Alameda.
Mural de Diego Rivera, 1947.

detrás del nuevo presidente siguiera gobernando Obregón.

Aunque la rebelión delahuertista duró sólo cuatro meses, tuvo consecuencias muy importantes. Un buen número de generales revolucionarios murieron en combate o fueron fusilados. Otros muchos oficiales y soldados se desterraron en los Estados Unidos. Con esta reducción del ejército, comenzó el proceso que lo profesionalizó, que lo convirtió en un modelo de disciplina y de civismo y que acabó con las rebeliones militares.

La rebelión cristera

Plutarco Elías Calles fue presidente de México de 1924 a 1928. Durante su gobierno se

▼ **1925**

▼ **1926**

• **Fundación del Banco de México**

• **Comienza la rebelión de los cristeros**

multiplicaron las organizaciones obreras y campesinas, y en 1925 se creó un banco central, el Banco de México. Se inició la construcción de la red de carreteras y de las primeras grandes presas para regar tierras. Sin embargo, no fueron años de prosperidad ni de paz.

Cuando el gobierno de Calles quiso hacer cumplir el Artículo 27 constitucional (las riquezas del subsuelo pertenecen a la nación) a las compañías petroleras norteamericanas e inglesas, la tensión internacional se agudizó tanto que algunos temieron que pudiera haber otra invasión estadunidense.

La Iglesia católica había rechazado desde que fueron promulgados algunos artículos de la Constitución de 1917; en especial los artículos 3°, 5°, 24, 27 y 130. En ellos, entre otras cosas, no se reconocía personalidad jurídica a las iglesias; se prohibía el culto externo, como las procesiones; no se reconocían derechos políticos a los sacerdotes; se establecían mecanismos para abrir templos al culto y delimitar el número de sacerdotes, y se prohibía oficiar a los extranjeros.

El presidente Calles decidió hacer cumplir las normas de la Constitución; propuso leyes que llevaban al detalle lo que la Cons-

titución mandaba y estableció castigos para quienes no las respetaran. Como respuesta, la Iglesia suspendió las actividades en los templos.

Muchos católicos se levantaron en armas. El ejército intentó detenerlos y el conflicto se hizo más intenso. Empezó la rebelión cristera, llamada así porque el grito de combate de los alzados era "¡Viva Cristo Rey!" La rebelión duró tres años, hasta junio de 1929, cuando el gobierno y la Iglesia llegaron a un entendimiento.

El Partido Nacional Revolucionario

El expresidente Obregón quiso regresar al poder y logró que se reformaran las leyes que prohibían la reelección. Ganó las elecciones presidenciales de 1928, pero no llegó a asumir nuevamente la presidencia. Durante una comida en que se celebraba su victoria, antes de tomar posesión, fue asesinado. A

Autorretrato de David Alfaro Siqueiros, 1945.

▼ 1928

• Reelección y asesinato de Álvaro Obregón
• Martín Luis Guzmán publica su obra *El águila y la serpiente*
• Emilio Portes Gil, presidente
• La penicilina, descubierta en Inglaterra por Alexander Fleming

Nueva participación

La Revolución cambió el país en que vivimos. Entre otras cosas, cambió el papel de la mujer en la sociedad mexicana. Lo hizo más público, más participativo. Durante la Revolución y en los años que siguieron, las mujeres casi reemplazaron a los hombres en dos actividades fundamentales: como maestras y como enfermeras.

A partir de entonces, el papel de la mujer ha ido ganando terreno en la vida pública. Las mujeres obtuvieron el derecho a votar apenas en 1953, pero al año siguiente hubo ya una diputada, veintiséis años después, en 1979, hubo una gobernadora y la primera secretaria de Estado fue nombrada en 1980.

Una prueba del nuevo papel que la mujer desempeña en México es el número de mujeres que se inscriben en las universidades. En la actualidad, el número de alumnos y de alumnas que se inscriben en las carreras universitarias es prácticamente igual.

Sin embargo, aún falta mucho para que la mujer participe de los beneficios sociales en condiciones de igualdad con el varón, y todos sus derechos sean respetados.

▼ 1929

▼ 1930

El mexicano y su mundo.
Mural de Rufino Tamayo. 1967.

partir de entonces el principio de la no ree-lección ha sido rigurosamente respetado.

Para fortalecer el gobierno, el presiden-te Calles convocó a los jefes políticos y mili-tares y les propuso la creación de un parti-do político que serviría para resolver sus diferencias y fomentar la unidad de los re-volucionarios. Así nació, al empezar 1929, el Partido Nacional Revolucionario (PNR).

En las nuevas elecciones ganó el candi-dato del PNR, Pascual Ortiz Rubio; fue una votación muy discutida contra José Vascon-celos, que era candidato independiente. Sin embargo, el verdadero poder lo tuvo Plu-tarco Elías Calles, llamado *Jefe Máximo de la Revolución.*

A los años que van de 1928 a 1934, en que gobernaron los presidentes Emilio Por-tes Gil, Pascual Ortiz Rubio y Abelardo L. Ro-dríguez, se les conoce como *el Maximato,* porque durante ese tiempo el poder se concentró en el *Jefe Máximo,* Plutarco Elías Calles. El *Maximato* terminó cuando el si-guiente presidente de la república, el gene-ral Lázaro Cárdenas, expulsó del país a Plu-tarco Elías Calles.

▼ 1931

▼ 1932

• Exploraciones arqueológicas de Monte Albán, por Alfonso Caso
• *Santa,* primera película sonora mexicana

•••••••• • Abelardo L. Rodríguez, presidente
• Las sulfas, descubiertas en Alemania por Gerhard Domagk

Vasconcelos entrega libros

Durante su juventud, el historiador y sociólogo Daniel Cosío Villegas (1898-1976) colaboró con José Vasconcelos en sus empresas culturales. Más tarde, él mismo fue un importante promotor cultural, fundador de revistas de economía, de historia y de política, así como del Fondo de Cultura Económica (1934) y de El Colegio de México (1940).

Vasconcelos proclamó la necesidad imperiosa de crear bibliotecas en todos los pueblos y rancherías del país, pues los que ya sabían leer no tenían qué leer, y los que estaban aprendiendo lo olvidarían si no se fomentaba, con las bibliotecas públicas, el hábito de la lectura.

En parte porque quiso darle a esta tarea el respaldo de la autoridad del propio secretario de Educación, y en parte porque detestaba estar encerrado en su oficina despachando los asuntos que le llevaban, Vasconcelos resolvió viajar en su automóvil los sábados y los domingos llevando la cajuela repleta de los libros que donaría a la escuela o al cabildo del lugar visitado. En más de una ocasión lo acompañé.

Vasconcelos, muy típicamente, jamás se cuidó de prevenir a las autoridades del lugar de sus visitas, en buena medida porque le resultaba insufrible la idea de la banda municipal, la fila de estudiantes primarios y el contingente indio acarreado a la fuerza. Más que nada, sin embargo, por disfrutar de la sorpresa de llegar de incógnito al pueblo, sacar los libros de la cajuela, encaminarse a la escuela o el ayuntamiento, darse a conocer allí y decir "aquí les traigo esto, que les hace falta".

Esta técnica de ocultación y de sor-

▼ 1934

- **Fundación del Fondo de Cultura Económica**
- **Se termina el Palacio de Bellas Artes**
- **Fundación de Nacional Financiera**
- **Samuel Ramos publica** *El perfil del hombre y la cultura en México*
- **Lázaro Cárdenas, presidente**

presa nos condujo a la cárcel de Lerma. Por allí andaba merodeando una banda de malhechores que, envalentonados, habían amenazado con instalarse en el ayuntamiento y gobernar desde allí la población.

El vernos llegar hasta el frente del palacio, apearnos, abrir la cajuela del auto y comenzar a hurgar en ella, debió despertarle al policía de guardia la sospecha de que serían armas, y no libros, lo que sacaríamos. Dio la voz de alarma, y en un instante nos vimos cercados por cinco policías armados de fusiles. ¡Y al bote!, a pesar de las vehementes protestas de Vasconcelos.

Apenas conseguimos de nuestros aprehensores que llamaran al presidente municipal, el único ser dotado de autoridad, y de razón, para creernos y soltarnos, o para detenernos en la cárcel hasta que "el señor gobernador dispusiera lo conveniente".

Como nos soltaron a las dos o tres horas, ya de noche, resolvimos quedarnos allí hasta el día siguiente, pues consideramos que si viajábamos en la oscuridad nos exponíamos a caer esta vez en manos de los malhechores. A pesar de esta mala experiencia, Vasconcelos siguió cayendo de sorpresa para entregar los libros.

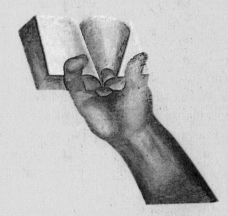

Fragmentos de mural de José Clemente Orozco en la Escuela Nacional Preparatoria.

▼ 1936

• José Vasconcelos publica *Ulises criollo*
• Primer servicio público de televisión, en Inglaterra
• Comienza la Guerra Civil Española

Una semblanza de Álvaro Obregón

*E*l escritor y periodista español Vicente Blasco Ibáñez (1867-1928) conoció a Álvaro Obregón en 1920, mientras este último estaba haciendo su campaña electoral como candidato a la presidencia del país. Lo que sigue es un fragmento de lo que Blasco Ibáñez escribió sobre su entrevista con Obregón.

Conocí a Álvaro Obregón en un almuerzo en el Bach, el restaurante más céntrico de la capital. Cuando entré al restaurante encontré a Obregón sentado a la mesa con un amigo. Llevaba un sombrero Panamá sucio y usado, pantalones que habían perdido las líneas y un saco gastado, una de cuyas mangas pendía vacía, mostrando que el brazo había sido amputado cerca del hombro.

Durante el almuerzo bebió cerveza, prefiriéndola al vino, y en varias ocasiones pidió agua.

—Mis abuelos vinieron de España —me dijo—. No sé de qué provincia. Otras gentes se preocupan mucho de sus antepasados. Se imaginan que son nobles. Yo no sé más que mi gente vino de España. Debe haber sido gente pobre que se vio obligada a emigrar por hambre.

Obregón es bastante joven; aún no cumple cuarenta años. Tiene una constitución fuerte, con su cuello corto y grueso, anchos hombros y pequeños y escrutadores ojos, que en ocasiones emiten fieras miradas. Se ve que está repleto de vitalidad. Vive la vida de un soldado, ayudado por un asistente que en otro tiempo fue ranchero y que es aún más rudo que él.

Le gusta la música mexicana. Y mientras la orquesta tocaba *El jarabe, El cielito lindo* y *Las mañanitas,* Obregón hablaba y hablaba, mientras comía los bocados que le cortaba la pesona que le atendía, porque no puede emplear más que una mano. Nadie puede vencer al general en la conversación. Yo hablo mucho, pero tuve que retirarme antes de poderlo vencer. Derrotado, como Pancho Villa, me dediqué a escuchar.

▼ 1937

▼ 1938

• **Creación del Instituto Politécnico Nacional**
• **Culmina la nacionalización de los Ferrocarriles, iniciada en el Porfiriato**
• **Rodolfo Usigli presenta su obra teatral** *El gesticulador*

• **Expropiación petrole**

Me refirió la historia de su juventud. En Sonora era un comerciante en garbanzos, y aun cuando sacaba reducidas ganancias, está seguro de que habría podido llegar a ser el más importante comerciante de México. Un gran millonario.

—Ya ve usted, la Revolución me echó a perder todo eso. Entonces me hice soldado y llegué a ser general. Cuando era ministro de Guerra, un día, en un banquete ofrecido en casa del presidente, el representante de Holanda, que era militar, me preguntó: "General, ¿a qué servicio pertenece usted, a la artillería o a la caballería?" En vista de mis victorias, creyó que yo era soldado profesional. ¡Hay que imaginar su sorpresa cuando le dije que en Sonora era comerciante en garbanzos! No quiso creerlo.

Obregón habla con gran franqueza y familiaridad con todo el mundo; con las mujeres en la calle, con los obreros que encuentra, con los rancheros del campo. Y esa gente sencilla se hincha de orgullo al ser tratada con esa familiaridad por el héroe nacional, el vencedor de Celaya, un exministro de Guerra.

Es el hombre más popular y temido de México, el hombre de quien más se habla en todas partes. Algunas gentes lo quieren tanto que darían su vida por él. Otros lo odian tanto que lo matarían. Atrae a la multitud con su franqueza y su alegría. Tiene, además, el prestigio de un valor que nadie pone en duda.

El general Álvaro Obregón hacia 1920. Archivo Casasola.

INAH

•••••• Creación del Instituto Nacional de Antropología e Historia
• México da asilo a españoles republicanos
• José Gorostiza publica su poema "Muerte sin fin"
• Comienza la segunda Guerra Mundial
• Insecticida DDT desarrollado por el suizo Paul Müller

• Manuel Ávila Camacho, presidente

El siglo XX

La consolidación del México contemporáneo

LECCIÓN 8

Lázaro Cárdenas llegó a la presidencia el 1º de diciembre de 1934. En su gobierno, se propuso cumplir algunas de las promesas de la Revolución. El problema de los campesinos fue el que más le preocupó y durante su régimen se expropiaron grandes latifundios para repartir esa tierra entre quienes la trabajaban; se fundaron ejidos y se dedicó más dinero para atender al campo. Cárdenas se preocupó por multiplicar las escuelas, sobre todo rurales, y por impulsar la enseñanza técnica. Amplió la red de carreteras y dio facilidades para que creciera la industria nacional.

Los años treinta fueron difíciles. En 1929 se inició un empobrecimiento de la economía en todo el mundo. Eu-

Muelle de tanques petroleros en el río Coatzacoalcos, Veracruz

▼ 1942

- México entra en la segunda Guerra Mundial
- Primer reactor atómico desarrollado en los Estados Unidos por Enrico Fe

Trigales cultivados en Chihuahua.

ropa vivía en crisis. La tensión entre los diversos países crecía día a día.

En España, la rebelión de una parte del ejército contra el gobierno de la república provocó la Guerra Civil (1936-1939) y obligó a miles de españoles a salir de su país. Muchos de ellos fueron recibidos por México y enriquecieron la vida del país, sobre todo en el terreno de la educación, la ciencia y las artes.

Para mejorar la economía de México, el gobierno impulsó la formación de industrias. Se abrió un banco para prestar dinero a los campesinos y se fundó el Instituto Politécnico Nacional para mejorar la enseñanza técnica.

Los años treinta fueron de intensa actividad cultural. En ese tiempo se crearon, entre otros organismos, el Fondo de Cultura Económica (una de las editoriales más importantes de Latinoamérica) y el Instituto Nacional de Antropología e Historia. Con la llegada de los refugiados españoles, se estableció La Casa de España en México, que después se convertiría en El Colegio de México. El Instituto Nacional de Bellas Artes y Literatura se fundaría en la década siguiente.

Un grupo de poetas y ensayistas, llamados los Contemporáneos (Salvador Novo, Xavier Villaurrutia, Carlos Pellicer y José Gorostiza, entre otros), hicieron participar a la literatura mexicana de las formas literarias

▼ 1943

•••••• Fundacion del Instituto Mexicano del Seguro Social (IMSS) • Surge el volcán Paricutín, en Michoacán. Lo pinta el Dr. Atl ••••••••

IMSS

Población

Por mucho tiempo los gobiernos de México se preocuparon porque el país no estaba suficientemente poblado. Faltaba gente. Las familias tenían muchos hijos, pero muchos niños morían y la gente vivía menos años que ahora.

Según los datos de los censos de población, en 1900 vivían en México poco más de trece millones y medio de personas y en 1910, al comenzar la Revolución, poco más de quince millones. Durante los diez años de guerra la población disminuyó debido a los muertos en combate y por las epidemias, a que muchos mexicanos salieron del país y a que hubo menos nacimientos.

En 1921 había en el país algo más de catorce millones de habitantes: menos de los que viven ahora en la Ciudad de México. En esos años y hasta 1947 el gobierno daba premios a las familias numerosas, porque la política de población era que hacía falta gente en el país.

Pronto, sin embargo, empezó a verse que México empezaba a tener demasiados habitantes. En 1960, cuando comenzaron las primeras acciones de planificación familiar, México tenía treinta y cinco millones de habitantes. En 1990 ya habíamos pasado de ochenta y un millones.

En la actualidad las familias tienen menos hijos que antes; en 1970, en promedio, cada madre tenía siete hijos; en 1990 tenía tres. Pero ahora, gracias a los adelantos de la medicina y a que hay más gente con atención médica, muchos menos niños mueren y los mexicanos, en general, vivimos más tiempo. En 1930, el promedio de vida de los mexicanos era de 33 años; en 1960, de 58; en 1990, de 66.

En el siglo XX, a medida que un país progresa hay más gente que vive en ciudades y menos que vive en el campo.

En 1930, 17 de cada cien mexicanos vivían en poblaciones de más de quince mil habitantes. En 1960, eran 36. En 1990, eran 53. Es decir, en la actualidad más de la mitad de la población del país vive en ciudades.

En México conviven muchos pueblos indígenas, de culturas y lenguas diversas. De acuerdo con el Instituto Nacional Indigenista (INI), en 1990 había seis millones y medio de personas que hablan lenguas indígenas, correspondientes a 48 etnias claramente definidas. Más otros dos millones y medio de mexicanos que ya no hablan lenguas indígenas, pero que conservan la cultura de los más antiguos pobladores de nuestra tierra y que también se consideran indíge-

▼ 1946

nas. En total, serían unos nueve millones de mexicanos que pertenecen a etnias indígenas.

Según las asociaciones de comunidades indígenas, ese número sería dieciséis millones. La dificultad para precisarlo se debe a que en muchas regiones esta población vive dispersa en rancherías. Y también a que el criterio de cultura indígena, sin tomar en cuenta la lengua, con frecuencia no es muy claro.

En orden de importancia, según el número de personas que las integran, de acuerdo con la información del INI, las etnias que en 1990 contaban con más de cien mil hablantes son las siguientes: nahuas (1,200,000), mayas (720,000), zapotecas (410,000), mixtecas (390,000), otomíes (280,000), tzeltales (260,000), tzotziles (230,000), totonacos (210,000), mazatecos (170,000), choles (130,000), mazahuas (130,000), huastecos (120,000), chinantecos (110,000), purépechas (100,000).

En general, las condiciones de vida de los indígenas mexicanos son malas. Necesitan trabajo, alimentación, servicios de salud, escuelas, seguridad y respeto. Es mucho lo que se ha trabajado para integrar la población indígena al desarrollo de México y para fomentar su mejoría, pero es mucho más lo que aún hace falta.

más modernas, mientras otros autores escribían en un estilo realista sobre la vida y los problemas de los obreros y los indígenas. En ese tiempo, además, aparecieron muchas e importantes obras sobre la Revolución y sus consecuencias, como *El águila y la serpiente* (1928) y *La sombra del caudillo* (1929), de Martín Luis Guzmán, y *Ulises criollo* (1936), de José Vasconcelos.

La nacionalización del petróleo

En el siglo XX el petróleo ha sido un recurso esencial para los transportes, las industrias y la producción de electricidad. Del petróleo se obtienen combustibles, plásticos y muchos otros productos. En el subsuelo de México existen enormes yacimientos de petróleo, y las primeras compañías que los explotaron fueron estadunidenses e inglesas, que trabajaban en beneficio propio y de sus países. A partir de Madero, los gobiernos mexicanos trataron en vano de limitar el poder de estas compañías extranjeras.

Después de la primera Guerra Mundial (1914-1918), la demanda de petróleo aumentó de manera importante, pues fue evidente que los países debían tener suficientes reservas de petróleo para sus transportes, sus industrias y su seguridad nacional. Muchas naciones hicieron lo necesario para controlar su petróleo.

En México, las diferencias entre las compañías extranjeras y el gobierno fueron creciendo hasta llegar a un conflicto. Las compañías extranjeras se esforzaban por no pagar los impuestos que señalaba la ley, y no querían mejorar los salarios de sus trabajadores mexicanos, que eran muy inferiores a los de

▼ 1947

▼ 1948

• Agustín Yáñez publica la novela *Al filo del agua*

• Primera computadora moderna, desarrollada en los Estados Unidos

Manifestación en apoyo a la nacionalización de la industria petrolera, 1938. Archivo Casasola.

los trabajadores extranjeros. Los obreros mexicanos finalmente se fueron a huelga; tras estudiar el asunto, la Suprema Corte de Justicia decidió que el aumento que pedían era justo y ordenó que se les concediera. Sin embargo, las compañías petroleras no obedecieron a la Corte, y entonces el presidente Cárdenas decidió expropiarlas. Lo anunció el 18 de marzo de 1938, y las compañías extranjeras tuvieron que venderle a México su maquinaria, sus pozos, sus refinerías.

Las diversas compañías se fundieron en una sola, dirigida por el gobierno, que se llama Petróleos Mexicanos (Pemex). El gobierno estadunidense, interesado en mantener buenas relaciones con México, pues había el peligro de que estallara una gran guerra en

Europa, aceptó la decisión del presidente Cárdenas. Sin embargo, México tuvo que resistir que por un tiempo ningún país quisiera comprarle petróleo ni plata. Y las compañías petroleras exigieron que el pago por la expropiación fuera de inmediato.

La decisión del presidente Cárdenas se vio respaldada por los mexicanos, que cooperaron con entusiasmo para reunir el dinero que hacía falta para pagar la expropiación. Los trabajadores petroleros realizaron auténticas hazañas para no suspender la producción y para sustituir de un día para otro a los técnicos extranjeros, que salieron del país.

En la actualidad, muchos países consideran que los recursos naturales deben ser

▼ 1950

• Primer canal de televisión en México

explotados bajo el control de la propia nación, para que los beneficios sean primordialmente para sus habitantes.

En 1938, el Partido Nacional Revolucionario (PNR) se convirtió en el Partido de la Revolución Mexicana (PRM), que se organizó en cuatro sectores: el obrero, el campesino, el popular y el militar. El año siguiente, grupos opositores al presidente Lázaro Cárdenas y al PRM fundaron el Partido de Acción Nacional (PAN). En esa misma década se organizó el Partido Popular, que más tarde se convirtió en Popular Socialista (PPS). Ya en la década de los cincuenta se fundó el Partido Auténtico de la Revolución Mexicana (PARM). El Partido Comunista (PC), que existía desde 1919, logró que se reconociera su carácter legal.

En 1940, el candidato del PRM, Manuel Ávila Camacho, triunfó en unas reñidas elecciones sobre el general Juan Andreu Almazán.

La segunda Guerra Mundial

Mientras tanto, la crisis europea culminó en la segunda Guerra Mundial. En 1939, Alemania invadió Polonia y el año siguiente Francia. En 1941, Italia y Japón se unieron a Alemania (los tres países formaban el Eje). Alemania atacó a la Unión Soviética, y los japoneses bombardearon la base estadunidense de Pearl Harbor, con lo cual los Estados Unidos entraron a la segunda Guerra Mundial del lado de los Aliados (Inglaterra, Francia, la Unión Soviética y todos los demás países, excepto los del Eje).

En 1942, tras el hundimiento de tres barcos mexicanos por submarinos alema-

nes, México declaró la guerra a los países del Eje y envió a la lucha el Escuadrón 201, formado por aviones militares. El conflicto terminaría en 1945, con la derrota de Alemania y el lanzamiento por los Estados Unidos de bombas atómicas sobre las ciudades japonesas de Hiroshima y Nagasaki.

La mayor parte de los años de la segunda Guerra Mundial la vivió México bajo la presidencia de Manuel Ávila Camacho (1940-1946). Al iniciarse este conflicto, muchos artículos manufacturados comenzaron a escasear en México, porque los países industrializados se hallaban en guerra y toda su producción in-

Desfile del Escuadrón 201 al terminar la segunda Guerra Mundial. Archivo Casasola.

▼ 1952

• Adolfo Ruiz Cortines, presidente

La expropiación petrolera

Jesús Silva Herzog (1892-1985)

El general Cárdenas todavía estuvo haciendo esfuerzos durante los primeros días de marzo, en plan amistoso, para convencer a las compañías de que acataran la sentencia de la Suprema Corte. Hubo una junta de abogados de las compañías con el presidente de la república.

Alguno de los representantes le preguntó al general Cárdenas: "Y, ¿quién nos garantiza que el aumento será solamente de veintiséis millones?" El general Cárdenas contestó: "Yo lo garantizo". "¿Usted?" "Sí, lo garantiza el presidente de la república." El que preguntó no pudo contener una leve sonrisa. El presidente Cárdenas se puso de pie y les dijo: "Señores, hemos terminado".

Es absolutamente falso que desde un principio el gobierno hubiera tenido la idea de expropiar a las compañías petroleras. El gobierno se daba cuenta de la gravedad de tal paso. Pero, ¿qué iba a hacer el gobierno de México frente a la rebeldía de las empresas? ¿Ante la actitud de desafío a la más alta autoridad judicial de la república? ¿Qué se hubiera hecho en cualquier otro país?

Se anunció la expropiación el 18 de marzo por medio de todas las estaciones de radio de la república.

El país respondió. La expropiación se llevó a cabo un viernes, y rápidamente se fue advirtiendo el apoyo de la opinión pública.

Las compañías continuaron trabajando en contra del país. Sus agentes en Tampico hicieron correr la voz de que no había dinero para hacer el próximo pago a los trabajadores. Sin embargo, el día de pago a las siete de la noche llegó un avión de México con varios sacos de billetes. El pago se había retardado varias horas. Se improvisaron pagadores. Algunos que jamás se habían ocupado de esas tareas, se ofrecieron a ayudar. Se pagó al último individuo como a las dos de la mañana, y a pesar de cierto desorden y de tanto pagador improvisado, no faltó un solo centavo.

▼ 1953

▼ 1954

El miércoles 23 de marzo hubo en la ciudad de México una manifestación de respaldo al gobierno por la expropiación de las empresas petroleras, de más de cien mil personas.

Días más tarde, el 12 de abril, hubo una manifestación de mujeres frente al Palacio de las Bellas Artes. Millares de mujeres de todas las clases sociales fueron a entregar su cooperación para pagar la deuda petrolera.

Algunas entregaron joyas valiosas, y otras objetos de valor escaso. Hubo una viejecita de la clase humilde que llevó una gallina, la cual seguramente representaba una buena parte de su exiguo patrimonio. Actos ingenuos y conmovedores, pero dan idea de lo que en los momentos difíciles somos capaces de realizar los mexicanos.

Los trabajadores mexicanos no permitieron que la industria se detuviera.

dustrial estaba dirigida a satisfacer las necesidades militares. La demanda de artículos para el consumo de los mexicanos impulsó la industrialización de México.

Durante la guerra, los Estados Unidos necesitaron más obreros, pues muchos de sus trabajadores se convirtieron en soldados. México proporcionó mano de obra y materias primas a la economía estadunidense. Con esto, el crecimiento económico del país se vio favorecido. Cuando la guerra terminó, México había empezado a dejar de ser un país campesino para convertirse en un país urbano e industrial.

En los años de la guerra hubo una campaña de alfabetización muy intensa. Desde entonces, la escuela primaria pública, gratuita y obligatoria no ha dejado de crecer. En 1940 había dos millones de alumnos; hoy en día son catorce. También durante la guerra se creo el Instituto Mexicano del Seguro Social (IMSS), que ha permitido que una gran parte de la población cuente con mejores servicios médicos. Al mejorar las condiciones de salud, la población ha crecido sin cesar. En 1940 había veinte millones de mexicanos; en la actualidad somos más de ochenta.

Bajo la presidencia de Miguel Alemán (1946-1952), México vio crecer su industria rápidamente. Muchas ciudades se expandieron a un ritmo acelerado. Se construyeron carreteras y aeropuertos; se modernizó la agricultura y el turismo comenzó a ser una actividad económica importante.

▼ 1955

• Juan Rulfo publica la novela *Pedro Páramo*

Ceremonia inaugural del Campeonato Mundial de Futbol. México, 1986.

cos automóviles y sólo los muy ricos los podían comprar. Los demás se transportaban en camiones o en tranvías. Si se trataba de viajes largos, se usaba el ferrocarril y, a partir de 1950, líneas de autobuses. Era raro que la gente viajara en avión y sólo lo hacía para asuntos muy importantes. Los aviones no eran tan rápidos como ahora.

En la mayor parte de los pueblos faltaban la luz, el teléfono y el agua potable. Poca gente tenía radio. En 1950 se iniciaron las transmisiones de televisión, en la Ciudad de México.

El crecimiento de la industria empezó a cambiar la vida del país. La gente empezó a mudarse de los pueblos a las ciudades, que crecieron porque en ellas se concentraron las fábricas y los obreros; las carreteras, caminos, camiones y automóviles se multiplicaron. Con todo ello, se transformaron las costumbres.

En 1946, el PRM se transformó en el Partido Revolucionario Institucional (PRI), que conservó la organización por sectores: obrero, campesino y popular. En esos años, los partidos de oposición continuaron consolidándose.

En el campo también hubo cambios. Se construyeron grandes presas y canales de riego; se extendió el uso de tractores, trilladoras y otras máquinas agrícolas.

En uno y otro lado se edificaron miles de escuelas, hospitales y centros de salud. Las campañas para mejorar la alimentación y terminar con las epidemias dieron origen a un gran aumento de población, al disminuir la mortalidad infantil.

Cambio de vida

Al terminar la década de los cuarenta, las ciudades eran aún pequeñas; contaban con unos cuantos edificios altos; había muy po-

▼ 1957

▼ 1958

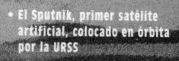

• El Sputnik, primer satélite artificial, colocado en órbita por la URSS

· · · · • Adolfo López Mateos, presidente

Crecimiento

La industrialización produjo grandes cambios en la economía mexicana. También el mundo cambió. Se fue haciendo cada vez más interdependiente; es decir, cada día fue siendo más importante para cualquier país lo que sucediera en los demás. Con estos cambios, hubo alzas de precios en muchos productos.

Para reducir el alza de precios y de salarios, el gobierno comenzó a gastar menos y a frenar el aumento de los sueldos a los trabajadores. Con esto los costos se estabilizaron, las finanzas del gobierno mejoraron y la economía comenzó a crecer con muy poca inflación; es decir, sin que se hiciera circular más dinero y los precios estuvieran aumentando continuamente. Por casi veinte años el gobierno de México sostuvo con buenos resultados este plan económico, que se llamó *desarrollo estabilizador*.

El desarrollo estabilizador se puso en práctica durante la presidencia de Adolfo Ruiz Cortines (1952-1958). Su sucesor fue Adolfo López Mateos (1958-1964), cuyo gobierno tuvo que hacer frente a dos conflictos laborales graves: el movimiento de los maestros y la huelga de los ferrocarrileros en 1959.

López Mateos nacionalizó la industria eléctrica, creó la Comisión Nacional para los Libros de Texto Gratuitos y completó la nacionalización de los ferrocarriles, que había comenzado desde tiempos de Porfirio Díaz.

Al concluir este periodo presidencial, en 1964, el país llevaba más de treinta años de estabilidad política y crecimiento económico. No habían faltado problemas: entre otros, elecciones discutidas, corrupción, in-

Vida deportiva

Después de la Revolución Mexicana, los deportes empezaron a formar parte de la vida diaria de casi todos los mexicanos. En las escuelas se comenzó a dar cada vez más importancia a la educación física y, como en el resto del mundo, los deportes pasaron a ser no sólo una actividad útil para el desarrollo del cuerpo y para fomentar el trabajo en equipo, sino también un espectáculo importante y un medio de acercamiento entre las distintas naciones.

México ha sido varias veces sede de las fiestas deportivas más importantes del mundo. De los Juegos Centroamericanos en 1926, 1954 y 1990. De los Juegos Panamericanos en 1955 y 1975. Del Campeonato Mundial de Futbol en 1970 y 1986. Y de las Olimpiadas en 1968.

Los atletas mexicanos han obtenido más de doscientas medallas en los juegos Centroamericanos y Panamericanos, y más de cuarenta en las Olimpiadas.

Las primeras medallas olímpicas se consiguieron en 1932, en Los Ángeles, en Estados Unidos: una de plata en boxeo, por Francisco Cabañas, y otra también de plata en tiro, por Gustavo Huet. El atleta mexicano que más medallas olímpicas ha ganado es el clavadista Joaquín Capilla, que conquistó cuatro medallas en tres Olimpiadas: 1948, 1952 y 1956.

▼ 1959

▼ 1960

• Se crea la Comisión Nacional de los Libros de Texto Gratuitos
• Fundación del Instituto de Seguridad y Servicios Sociales para los Trabajadores del Estado (ISSSTE)

ISSSTE
• Nacionalización de la industria eléctrica

flación, desigualdad en la repartición de la riqueza, falta de escuelas, injusticia, necesidad de mayor apoyo al campo. Pero la estabilidad y el crecimiento de México eran ejemplares en América Latina.

México se estaba transformando en una sociedad urbana; es decir, cada vez más gente vivía en las ciudades, que crecían con un ritmo vertiginoso. Había trabajo y educación. La esperanza de vida de los mexicanos había aumentado. Seguía habiendo pobreza, pero una parte muy importante de los mexicanos había progresado.

En nuestro país todavía existen muchos problemas graves, pero sin duda la vida ha mejorado. El México de hoy, el país en que vivimos, es el resultado de las luchas y los esfuerzos de nuestros antepasados.

La Columna de la Independencia, en la Ciudad de México, está rematada por la efigie de la Victoria ("El Ángel").

Presidentes de México 1911-1994

Francisco I. Madero:	oct.	1911	feb.	1913
Pedro Lascuráin:	feb.	1913	feb.	1913
Victoriano Huerta:	feb.	1913	jul.	1914
Francisco S. Carvajal y Gual:	jul.	1914	ago.	1914
Venustiano Carranza (Primer Jefe del Ejército Constitucionalista):	ago.	1914	abr.	1917

Presidentes designados por la Convención de Aguascalientes

Eulalio Gutiérrez:	nov.	1914	ene.	1915
Roque González Garza:	ene.	1915	jun.	1915
Francisco Lagos Cházaro:	jun.	1915	oct.	1915

Venustiano Carranza:	abr.	1917	may.	1920
Adolfo de la Huerta:	may.	1920	nov.	1920
Álvaro Obregón:	dic.	1920	nov.	1924
Plutarco Elías Calles:	dic.	1924	nov.	1928
Emilio Portes Gil:	nov.	1923	feb.	1930
Pascual Ortiz Rubio:	feb.	1930	sep.	1932
Abelardo L. Rodríguez:	sep.	1932	nov.	1934
Lázaro Cárdenas:	dic.	1934	nov.	1940
Manuel Ávila Camacho:	dic.	1940	nov.	1946
Miguel Alemán Valdés:	dic.	1946	nov.	1952
Adolfo Ruiz Cortines:	dic.	1952	nov.	1958
Adolfo López Mateos:	dic.	1958	nov.	1964
Gustavo Díaz Ordaz:	dic.	1964	nov.	1970
Luis Echeverría Álvarez:	dic.	1970	nov.	1976
José López Portillo:	dic.	1976	nov.	1982
Miguel de la Madrid Hurtado:	dic.	1982	nov.	1988
Carlos Salinas de Gortari:	dic.	1988	nov.	1994

▼ 1962

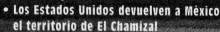

• *Material poético* de Carlos Pellicer ••••••••••
•••• • Los Estados Unidos devuelven a México el territorio de El Chamizal

Vista al futuro

De seguro que tú ya conocías algunos de los personajes y de los episodios que aparecen en estas *Lecciones de historia de México*. Ya habías oído hablar de Hidalgo o de Zapata, por ejemplo; o de la batalla del Cinco de Mayo, cuando el general Zaragoza derrotó a las fuerzas francesas que habían invadido el país y atacaban Puebla. De seguro, también, de muchos otros no sabías nada. Pero ahora ya has empezado a conocerlos.

En México vive gente diversa. Alguna pertenece a los grupos indígenas, y otra llegó de Europa, de África, de Asia. Pero la mayoría de los mexicanos somos mestizos; es decir, somos hijos de gente de orígenes distintos (incluidas las mezclas entre las diferentes etnias indígenas).

Este mestizaje nos hace diferentes a otros pueblos, nos da un carácter propio, una identidad. Otra de las razones de nuestra identidad es que vivimos en un mismo territorio. Otra más, que tenemos unas mismas leyes, un mismo gobierno, una misma cultura, enriquecida por sus diferencias regionales. Nuestra cultura es nuestra forma de vivir: nuestras ideas, costumbres, creencias, manera de ver las cosas; nuestro gusto por ciertos platillos, juegos y espectáculos; por cierta música; la diversidad de nuestras fiestas.

Como has visto en estas *Lecciones de historia de México,* el camino para conseguir la unidad de nuestra nación ha sido largo y difícil. Aunque han sido repetidamente combatidos, algunos viejos problemas siguen afectándonos: las desigualdades sociales, la tenencia de la tierra, la deuda externa, la necesidad de participar con provecho en el comercio internacional y de llegar a una democracia completa.

Las glorias y las hazañas de nuestros antepasados son parte de tu herencia. También las dificultades que ellos no pudieron resolver. México necesita que todos sus habitantes tengan educación, trabajo, alimentación, vivienda, atención médica, justicia, la oportunidad de participar en su gobierno. A ti te corresponde trabajar para que todo esto pueda lograrse.

Para conseguirlo, tienes que conocer tu país. Su presente y su pasado. A partir de lo que somos tendrás que construir su futuro.

▼ 1963

▼ 1964

• Se completa el Centro Médico Nacional (IMSS)

• Gustavo Díaz Ordaz, presidente

Los Símbolos Patrios

La patria es nuestra tierra, la tierra de nuestros padres. La queremos como se quiere a la familia, al lugar donde vivimos, al paisaje que nos rodea. No la amamos porque sea grande y poderosa, ni por débil y pequeña. La amamos, simplemente, porque es la nuestra. La patria está representada, está como guardada en los Símbolos Patrios, que son el Escudo, la Bandera y el Himno nacionales.

La Bandera Nacional es un rectángulo dividido en tres franjas verticales, del mismo tamaño y de colores verde, blanco y rojo, a partir del asta. En el centro lleva el Escudo Nacional. El diámetro del escudo mide tres cuartas partes del ancho de una franja. La proporción entre la altura y la anchura de la bandera es de cuatro a siete; es decir, si una bandera mide 40 centímetros de alto deberá medir 70 centímetros de largo.

El Escudo Nacional es un águila mexicana de perfil, que ve hacia la izquierda, con las alas ligeramente desplegadas en actitud de lucha. La garra izquierda está sobre un nopal florecido que nace en una peña que emerge de un lago. Con la derecha y el pico sujeta a una serpiente con la que combate. Una rama de encino al frente y una de laurel al lado opuesto forman un semicírculo inferior al derredor del águila y se unen al centro por medio de un listón tricolor.

Letra oficial del Himno Nacional

CORO
Mexicanos, al grito de guerra
el acero aprestad y el bridón,
y retiemble en su centro la Tierra
al sonoro rugir del cañón.

I
Ciña, ¡oh patria!, tus sienes de oliva
de la paz el arcángel divino,
que en el cielo tu eterno destino
por el dedo de Dios se escribió.

Mas si osare un extraño enemigo
profanar con su planta tu suelo,
piensa ¡oh patria querida! que el cielo
un soldado en cada hijo te dio.

CORO

II
¡Guerra, guerra sin tregua al que intente
de la patria manchar los blasones!
¡Guerra, guerra! Los patrios pendones
en las olas de sangre empapad.

¡Guerra, guerra! En el monte, en el valle
los cañones horrísonos truenen,
y los ecos sonoros resuenen
con las voces de ¡unión, libertad!

CORO

III
Antes, patria, que inermes tus hijos
bajo el yugo su cuello dobleguen,
tus campiñas con sangre se rieguen,
sobre sangre se estampe su pie.

Y tus templos, palacios y torres
se derrumben con hórrido estruendo,
y sus ruinas existan diciendo:
De mil héroes la patria aquí fue.

CORO

IV
¡Patria, patria! Tus hijos te juran
exhalar en tus aras su aliento,
si el clarín con su bélico acento
los convoca a lidiar con valor.

¡Para ti las guirnaldas de oliva!
¡Un recuerdo para ellos de gloria!
¡Un laurel para ti de victoria!
¡Un sepulcro para ellos de honor!

CORO
Mexicanos, al grito de guerra
el acero aprestad y el bridón,
y retiemble en su centro la Tierra
al sonoro rugir del cañón.

Quizá conviene recordar que "el acero aprestad" es una orden
que significa *preparar las armas*; "bridón" es un caballo entrenado para la guerra;
"ceñir" significa *abrazar, rodear*; el olivo simboliza la paz y el laurel la victoria;
"mas si osare un extraño enemigo" quiere decir *pero si un enemigo extranjero
se atreviera* y "profanar con su planta tu suelo" significa *ofender tu sagrado territorio pisándolo,
invadiéndolo*; "sin tregua" es *sin descanso*; "manchar los blasones" es *manchar las insignias*
y también tiene el sentido de *manchar las glorias*; "pendones" significa *banderas*;
"inermes" *indefensos* y "bajo el yugo su cuello dobleguen", *se dejen vencer por la opresión,
por la tiranía*; "exhalar en en tus aras su aliento" quiere decir *morir en tus altares*
(en un sentido figurado, *en tu regazo*); "clarín" es *corneta*, "bélico" *guerrero*,
"convoca" *llama* y "lidiar" *luchar, combatir*; "guirnalda" es una corona abierta de ramas o de flores.

Lecciones de Historia de México
Segunda Parte
Se imprimió por encargo de la
Comisión Nacional de los Libros de Texto Gratuitos,
en los talleres de Fernández Editores, S.A. de C.V.
con domicilio en Eje 1 Poniente, México Coyoacán No. 321,
C.P. 03330, México, D.F., el mes de marzo de 1994.
El tiraje fue de 1'080,000 ejemplares más sobrantes de reposición.
La edición consta de 7'800,000 ejemplares.